Büro-Spicker

Selbst-management

W0285431

Angelika Tiefenbacher

compact

Bisher sind in dieser Reihe erschienen:

Business English
Englisch Konversation
Englisch Korrespondenz
Englisch telefonieren
English Idioms
Fremdwörter
Knigge für den Beruf
Konferenzen und Meetings
Konfliktmanagement
Kreativitätstechniken
Marketing Grundwissen
Mitarbeiter richtig führen
Mobbing
Office Management
Projektmanagement
Rhetorik
Selbstmanagement
Verkaufspsychologie
Zeitmanagement

Redaktion: Anke Fischer
Produktion: Wolfram Friedrich
Titelabbildung: Getty Images
Typografischer Entwurf: Axel Ganguin
Umschlaggestaltung: Axel Ganguin

ISBN 978-3-8174-7718-0
7177184

Besuchen Sie uns im Internet: www.compactverlag.de

Inhalt

Vorwort

Die Reihe Büro-Spicker richtet sich an alle, die ihre eigenen Kenntnisse verbessern und im Beruf weiterkommen wollen. Die praktischen Ratgeber bieten schnelle und kompetente Hilfe zu allen berufsrelevanten Themen.

Der Büro-Spicker „Selbstmanagement" behandelt alles rund um Ihr persönliches Management im Beruf. Sie lernen, sich selbst und Ihre Fähigkeiten einzuschätzen sowie Ziele zu setzen, zu definieren und zu realisieren. Ein weiterer Themenkomplex widmet sich der Motivation und der Frage, wie Sie sich selbst immer wieder anregen und inspirieren können. Sie erfahren das Wichtigste über verbale und nonverbale Kommunikation und die Zusammenarbeit mit anderen sowie den Umgang mit Konflikten und Krisen. Auch die Handhabung von Organisation und Ordnung wird in diesem Band besprochen.

Bei Ihrem persönlichen Selbstmanagement wünschen wir Ihnen viel Erfolg!

1. Selbstreflexion

Im ersten Kapitel unseres Selbstmanagement-Ratgebers geht es darum, wie Sie sich selbst sehen und einschätzen. Dabei steht Ihre subjektive Meinung im Mittelpunkt. Die Selbstreflexion ist ein Teil Ihres persönlichen Selbstmanagements und hilft Ihnen, sich besser kennenzulernen, sich über Ihre Ziele bewusst zu werden und sich selbst zu motivieren. Nach einer Selbstreflexion wissen Sie viel besser, wer Sie sind, wo Sie im Augenblick stehen und was Sie eines Tages erreichen möchten. Sie erfahren mehr über sich selbst und können dementsprechend gezielter mit anderen kommunizieren, sich selbst besser organisieren und Fallstricke in Ihrer Karriere vermeiden.

1.1 Selbsteinschätzung

Der erste wichtige Schritt des Selbstmanagements ist die Selbsteinschätzung, die Ihnen hilft, Ihre Ziele klarer zu formulieren, Erfolg zu erlangen, Kompetenz zu zeigen, Persönlichkeit zu entwickeln, ein hohes Selbstwertgefühl auszustrahlen und, nicht zuletzt, zu wissen, was Sie möchten. Wenn Sie Ihre Stärken und Schwächen kennen, haben Sie einen wichtigen Schritt auf Ihrem persönlichen Berufsweg gemacht. Lernen Sie in diesem Kapitel, Ihre Stärken zu betonen und die Schwächen zu verbergen. Finden Sie mit der Spaß-Frust-Skala heraus, welche Tätigkeiten Ihnen Freude machen und welche Unwillen bei Ihnen hervorrufen. Lernen Sie Ihre individuellen Kompetenzen kennen, damit Sie von Ihrem Job in Zukunft noch mehr profitieren können.

Stärken-Schwächen-Analyse

Annalena K. hat sich um eine Stelle als Projektkoordinatorin in einer großen Software-Firma beworben – und wird zum Vorstellungsgespräch eingeladen. Das Interview läuft gut, die beiden zukünftigen Chefinnen sind ihr sympathisch und Annalena schätzt ihre Chancen auf den neuen Job gut ein. „Wo sehen Sie Ihre Stärken und Schwächen?", fragt sie da unvermittelt ihr Gegenüber. Annalena beginnt zu stottern: „Ähm, ja, ich, also ..." Sie verhaspelt sich, wird rot und fängt noch einmal von vorn an: „Also, zu den Stärken zähle ich meine Kreativität, meine Teamfähigkeit, meine rasche Auffassungsgabe und meine Flexibilität", sagt sie schließlich und denkt noch einmal über die Schwächen nach. „Meine Schwäche ist, dass ich manchmal ungeduldig bin."
Die beiden Chefinnen beschließen in einem folgenden Gespräch, Annalena nicht einzustellen. Ihre Bewerbungsmappe zeugte von wenig Kreativität. Und die Tatsache, dass sie seit zehn Jahren denselben Job ausübt, ließ sie alles andere als flexibel erscheinen. Auch das mit der Ungeduld nahmen sie ihr nicht so ganz ab. Zwar waren Kreativität und Flexibilität keine Voraussetzungen für die neue Stelle, aber Annalenas Aussagen wirkten unstimmig und

unglaubwürdig – so, als hätte sie ein paar Phrasen aus Bewerbungsbüchern übernommen. Die beiden Chefinnen haben gemerkt, dass Annalena ihre eigenen Schwächen und Stärken nicht einschätzen kann, und ihr deshalb eine Absage erteilt.

Infobox

Wer sich seiner eigenen Stärken und Schwächen bewusst ist, kann diese Frage bei Vorstellungsgesprächen wahrheitsgemäß beantworten. Die Interviewpartner erhalten so nicht nur ein stimmiges und realistisches Bild vom zukünftigen Stelleninhaber, sondern können gleich viel besser einschätzen, ob der Bewerber zum neuen Job passt.

Kenntnisse von den eigenen Stärken und Schwächen helfen dabei, den Beruf erfolgreich auszuüben bzw. sich einen neuen Job zu suchen, der zu diesen Stärken und Schwächen passt. Wer seine Schwächen und vor allem seine Stärken nicht kennt, hat ein verzerrtes Selbstbild, was in beruflichen Situationen immer wieder hinderlich sein kann.

Wenn eine junge Frau davon träumt, sich mit einem Kosmetiksalon selbstständig zu machen, aber in der Stärken-Schwächen-Analyse erfährt, dass sie eine Einzelkämpferin ist und den Kontakt mit anderen scheut, sollte sie ihren Wunsch noch einmal überdenken. Vielleicht wäre sie in einer Drogerie besser aufgehoben, wo sie beispielsweise neue Cremes ausprobieren und herrichten könnte.

Fragen Sie sich bei Ihrer Analyse, was Sie ganz besonders gut können, wofür Sie schon öfter gelobt wurden und für welche Aufgaben Sie im Team immer wieder vorgeschlagen werden. Überlegen Sie bei der Schwächen-Analyse, welche Tätigkeiten Ihnen immer wieder schwerfallen, bei welchen Aufgaben Sie das Gefühl haben, zu versagen, und in welchen Bereichen Sie immer wieder Kritik einstreichen mussten. Notieren Sie sich anschließend das Datum. Das ist wichtig, weil Sie im Laufe Ihres Berufslebens noch weitere Stärken-Schwächen-Analysen anfertigen werden und mit dem Datum Änderungen besser verfolgen können.

Übung: Stärken-Analyse. Die Stärken-Analyse zeigt, was Ihnen besonders gut liegt.

Tätigkeit	Stärken	Folgen
1.		
2.		
3.		

Datum:

Übung: Schwächen-Analyse. In der Schwächen-Analyse sehen Sie, woran Sie noch arbeiten können.

Tätigkeit	Schwächen	Folgen
1.		
2.		
3.		

Datum:

Beispiel: Stärken-Schwächen-Analyse von Helmut F.

Tätigkeit	Stärken	Folgen
1. Telefonieren	• beherrscht die Kunst des Small Talks • zeigt am Telefon Humor • gewinnt Gesprächspartner für sich	hat durch seine gelungenen Telefonate schon mehrere erfolgreiche Aufträge akquiriert
2. Delegieren	• hat keine Probleme damit, einen Teil seiner Aufgaben an	macht sich so den Rücken für wichtigere Aufgaben frei,

	die seine Mitarbeiter zu delegieren	ihm mehr liegen

Datum: 01.07.07

Tätigkeit	Schwächen	Folgen
1. Ordnung halten	● verliert leicht den Überblick über seine Aufgaben ● hat schon mehrere Termine vergessen ● unübersichtlicher Schreibtisch, auf dem er nichts findet	● muss sich immer wieder neu in die Arbeitsbereiche einarbeiten ● verärgerte Kunden ● vergeudet viel Zeit mit Suchen
2. Power-Point-Präsentationen vorbereiten	● beherrscht Programm nicht richtig ● hat keinen Spaß an der grafischen Darstellung	● ärgert sich ● schiebt Arbeit vor sich her ● schlechte Präsentationen

Datum: 01.07.07

Helmut F. hat in seiner Stärken-Schwächen-Analyse herausgefunden, dass er gut, gerne und erfolgreich telefoniert. Um diese Stärke noch besser zu nutzen, könnte er sich an eine Stelle versetzen lassen, wo er davon noch mehr profitiert und vielleicht aufgrund eines Erfolgshonorars zusätzlich motiviert wird. Richtiges Delegieren fällt vielen schwer. Da Helmut F. keine Probleme damit hat, anfallende Arbeiten seinen Mitarbeitern zu übertragen, kann er sich von Fall zu Fall auf andere Kernaufgaben konzentrieren.

Dass er keine Ordnung halten kann, liegt in der Natur von Helmut F. Daran lässt sich auch mit einem Volkshochschulkurs nur wenig ändern. Im Idealfall bekommt er eine Sekretärin zugeteilt, die ihm die organisatorischen Aufgaben abnimmt. Die mangelnden Fähigkeiten bei der Erstellung von PowerPoint-Präsentationen kann er gut mit einer seiner Stärken kompensieren: Er kann die Präsentationen an jemanden delegieren, der diese besser gestalten kann. Oder er verbessert seine Fähigkeiten in einer Schulung.

Infobox

Konzentrieren Sie sich im Berufsleben auf Ihre Stärken, bauen Sie diese weiter aus, setzen Sie sie nach Bedarf ein und wandeln Sie Ihre Stärken so in Erfolg um.

So betonen Sie Ihre Stärken

Wenn Sie sich Ihrer Stärken bewusst sind, haben Sie den ersten wichtigen Schritt hinsichtlich Ihres Selbstmanagements getan.

Richtig eingesetzt helfen Ihnen Ihre Stärken, eine weitere Sprosse auf der Karriereleiter zu erklimmen, weil Sie nun viel besser wissen, was Sie können und wollen. Notieren Sie regelmäßig Ihre Stärken und tragen Sie diese in Ihre Stärken-Analyse ein. Vielleicht haben Sie berufliche Vorbilder, denen Sie nacheifern? Dann fertigen Sie auch von diesen eine Stärken-Analyse an und überlegen Sie sich, wo es Parallelen gibt und wo Sie noch an sich arbeiten können. Denken Sie darüber nach, welche Ihrer Stärken Sie noch weiter ausbauen können. Beispielsweise könnten Sie, wenn Sie schon ein gutes Basisenglisch sprechen, mit einem Sprachkurs in England oder einem Kurs in Business-Englisch Ihre Kenntnisse noch erweitern. Fachliche Kompetenz in einem bestimmten Bereich könnten Sie mit dem gezielten Lesen von Fachzeitschriften vertiefen. Wenn Sie keine Scheu vor Menschen haben und gerne präsentieren, Ihnen aber das nötige Handwerkszeug noch fehlt, würde Ihnen ein Präsentationsseminar helfen, Ihre persönliche Stärke auszubauen.

In der Regel ist man in den Bereichen gut, in denen auch die persönlichen Interessen liegen. Diese Tätigkeiten gehen meist leicht von der Hand. Man ist mit Freude und Konzentration bei der Sache, hat schnelle Erfolge und kann mit Niederlagen besser umgehen. So würde man das, was man von Herzen gerne tut, auch für wenig Geld machen, da der persönliche Gewinn oftmals ausreicht. Zwar gibt es nicht immer den optimalen Job, der Hobby und Beruf vereint, aber wenn Sie in Ihrer derzeitigen Stelle kaum Möglichkeiten haben, Ihre Stärken einzusetzen, sollten Sie sich fragen, ob dort Ihr richtiger Platz ist. Wenn Sie eine neue Stelle suchen, sollten Sie sich vorher überlegen, ob dort Ihre Stärken zum Einsatz kommen.

Infobox

Lesen Sie täglich Ihre Stärken-Analyse durch. Das hilft Ihnen nicht nur, Ihre Fähigkeiten besser einzuschätzen, sondern gibt Ihnen auch ein gutes Selbstwertgefühl.

Wenn Sie unzufrieden mit Ihrem derzeitigen Job sind, überlegen Sie sich, ob Sie ihn noch einmal annehmen würden, wenn Sie jetzt die Wahl hätten. Führt Sie Ihr Job dorthin, wo Sie hingehen möchten? Oder ist er mehr Mittel zum Zweck? Konzentrieren Sie sich bei diesen Fragen auf Ihre Stärken. Die Stärken sind es, die Sie einzigartig machen. Betonen Sie Ihre Stärken und bauen Sie sie weiter aus, um einer der Besten auf dem entsprechenden Gebiet zu werden.

So kaschieren Sie Ihre Schwächen

Jeder hat Schwächen. Wenn kleine Schwächen einen Menschen im Privatleben oft erst zu seiner Persönlichkeit verhelfen und ihn zu einem Individuum machen, sind Schwächen im Job nicht gern gesehen und können sogar das berufliche Fortkommen behindern.

> Infobox
>
> **Machen Sie sich Ihre Schwächen bewusst, aber denken Sie – anders als an die Stärken – nicht ständig an sie. Sonst entsteht möglicherweise ein negatives Selbstbild.**

Versuchen Sie nicht an Ihren Schwächen festzuhalten. Durch ständige Selbstkritik entsteht ein negatives Selbstbild, das sich auf Ihre weitere Entwicklung hinderlich auswirken kann. Wenn Sie immer wieder an Ihre Schwächen denken, versetzen Sie sich – bewusst oder unbewusst – in negative Stimmung. Das hat zur Folge, dass Ihnen vieles nur mit Mühe von der Hand geht. Sie dürfen kein negatives Selbstbild in Ihrem Kopf mit sich herumtragen, denn sonst sind Sie in einem Teufelskreis gefangen. Konzentrieren Sie sich immer wieder auf Ihre Stärken, um ein positives Selbstbild zu erhalten. Denken Sie daran, dass es zwar Schwächen gibt, an denen Sie arbeiten können, aber werden Sie sich auch darüber bewusst, dass Sie nicht alle Schwächen abbauen können. Wer weiß, dass seine Schwäche im Verhandeln liegt, kann einen Workshop über Verhandlungstechniken besuchen. Wem es jedoch schwerfällt, auf andere Menschen zuzugehen, und wer schon feuchte Hände bekommt, wenn er jemand anrufen muss, dem hilft leider auch kein Seminar weiter. Denn diese Schwäche liegt in der Persönlichkeit begründet und kann nur zu einem geringen Teil abgebaut werden. In diesem Fall sollte man sich damit abfinden, dass man nie ein Topverkäufer wird. Aber dieses Wissen ist durchaus hilfreich: Suchen Sie Ihre nächste Stelle gezielt nach Ihren individuellen Stärken aus!

Infobox

Wenn Sie Ihre Schwächen notiert haben, legen Sie den Zettel an einen guten Platz und lassen Sie ihn dort. So wissen Sie, dass Sie Ihre Schwächen bewusst an einem ganz bestimmten Ort platziert haben, und müssen nicht immer an sie denken. Das verhilft Ihnen zu einem positiveren Selbstbild und letztendlich auch dabei, selbstbewusster zu werden.

Manchen fällt es leicht, die eigenen Stärken aufzuschreiben, aber sie hadern bei den Schwächen. Daher kann es sinnvoll sein, jemanden, der Sie beruflich oder privat gut kennt, nach Ihren Schwächen zu fragen. Nehmen Sie aber von Außenstehenden nur die Schwächen an, die Sie auch selbst akzeptieren.

Überlegen Sie einerseits, an welchen Ihrer Schwächen Sie arbeiten können, und andererseits, welche zu Ihrer Persönlichkeit gehören. An Letzteren werden Sie wenig ändern können. Vergleichen Sie Ihre Schwächen mit den Anforderungen in Ihrem Job. Denken Sie über einen Stellenwechsel nach, wenn die Profile stark voneinander abweichen. Aber handeln Sie nicht zu vorschnell – es gibt verschiedene Strategien, die verhindern, dass Ihre Schwächen zur Jobfalle werden:

Möglichkeit 1: Suchen Sie jemanden, der Ihre Schwächen ausgleicht.
Beispiel: Auf den Soziologieprofessor Klaus K. passt das Klischee des zerstreuten Professors. Er vergisst die Sprechstundentermine mit seinen Studenten, kommt zu spät zu Seminaren und lässt immer wieder seine Arbeitsunterlagen in Vorlesungsräumen zurück. Klaus K. könnte seine Schwäche mit einer Sekretärin kaschieren. Sie könnte ihn an seine Termine und Arbeitsunterlagen erinnern, ihm bei seinem persönlichen Management und seiner Organisation helfen.

Möglichkeit 2: Meiden Sie Situationen, an denen Sie scheitern könnten.
Beispiel: Isabel B. ist eine hervorragende Journalistin, die für ihre ausgezeichneten Recherchen und ihren erstklassigen Schreibestil bekannt ist. Doch sie scheut sich davor, auf Großveranstaltungen mit vielen Menschen zu

gehen. Isabel B. könnte sich dafür einsetzen, nur noch zu Terminen zu gehen, bei denen Sie sich mit kleinen Personengruppen trifft.

Möglichkeit 3: Betonen Sie Ihre Stärken so sehr, dass Ihre Schwächen dabei fast unsichtbar werden.
Beispiel: Der Kunstlehrer Heribert M. ist ein viel gelobter und kreativer Pädagoge, der bei allen beliebt ist. Er hat ein freundschaftliches Verhältnis zu seinen Schülern aufgebaut. Seine Schwäche liegt darin, dass er zwar im Unterricht sehr konzentriert bei der Sache ist, sich aber schwer damit tut, zu Hause die Arbeiten der Schüler zu benoten. Das führt immer wieder dazu, dass ihn die Schulleitung wegen zu spät eingereichter Zeugnisnoten anmahnt. Heribert M. hat nun eine Strategie entwickelt, bei der die Schüler ihre Kunstwerke gegenseitig benoten. Die Schüler fühlen sich ernst genommen und sind mit Spaß bei der Sache. Heribert M. fungiert dabei als letzte Instanz und achtet darauf, dass es gerecht zugeht.

Infobox

Führen Sie ein Pannentagebuch, wenn Sie sich Ihrer Schwächen noch nicht ganz bewusst sind. Tragen Sie für einen festgelegten Zeitraum ein, was bei Ihnen im Job schiefgelaufen ist. Suchen Sie nach den Gründen, aber vermeiden Sie Schuldzuweisungen. Überlegen Sie, wie Sie in Zukunft mit ähnlichen Schwächen umgehen können.

Mehr Freude am Job mit der Spaß-Frust-Skala
Über Ihre Stärken und Schwächen haben Sie nun schon viel mehr Klarheit. Doch wissen Sie auch, welche Tätigkeiten bei Ihnen Freude und welche Frust auslösen? Es ist nicht immer so, dass Arbeiten, die Frust auslösen, auf eine Schwäche, und Tätigkeiten, die Spaß machen, auf eine Stärke hinweisen.

Heidrun S. ist beispielsweise in einem kleinen Autohaus dafür bekannt, dass sie gut formulierte Briefe an Kunden schreibt. Tatsächlich hat sie eine flotte Schreibe. Dennoch löst das Schreiben bei Heidrun S. immer Gefühle des Unwillens aus, weil sie viel lieber im Verkauf mithelfen würde.

Schalten Sie bei der Spaß-Frust-Skala den Verstand aus und ihre Emotionen ein. Fragen Sie sich, welche Gefühle unterschiedliche Tätigkeiten bei Ihnen hervorrufen.

Welche Arbeitssituation macht Ihnen ganz besonders viel Spaß? Welche Tätigkeiten erzeugen lang anhaltenden Frust? Überlegen Sie sich, mit welchen Aufgaben Sie in Ihrem Beruf Tag für Tag konfrontiert werden, und tragen Sie ein, wo diese auf Ihrer Spaß-Frust-Skala stehen.

Das können beispielsweise sein: Telefonieren, Schreiben, Organisieren, Entwickeln, Vermitteln, Kommunizieren, Beraten, Delegieren, Präsentieren.

Beispiel: Die Spaß-Frust-Skala eines PR-Beraters

Spaß	Frust
• Schreiben von Texten • Entwurf von kreativen PR-Konzepten • Präsentieren	• Budgetplanung • Kundenakquise • Angebotserstellung für Kunden

Mithilfe der Spaß-Frust-Skala können Sie einschätzen, wie Sie sich in Ihrer derzeitigen Stelle aufgehoben fühlen. Wenn Sie sich neu bewerben, sollten Sie darauf achten, dass der Spaßfaktor überwiegt und so wenig Frust wie möglich aufkommt.

Der PR-Berater könnte sich eine Stelle suchen, in der das kreative Entwickeln von PR-Konzepten, das Schreiben von Texten und das Präsentieren im Mittelpunkt stehen. Budgetplanung, Kundenakquise und Analyse sollte er Kollegen überlassen, denen diese Tätigkeiten mehr Spaß bereiten.

Infobox

Wenn Ihnen auf Anhieb nicht einfällt, welche Aufgaben Frust erzeugen, überlegen Sie doch einmal, welche Tätigkeiten bei Ihnen Magenschmerzen und feuchte Hände hervorrufen. Auch wenn Sie bestimmte Arbeiten immer wieder vor sich herschieben, könnte das ein Indiz sein.

Lernen Sie Ihre Kompetenzen kennen

Unter Kompetenzen versteht man die Fähigkeiten und Fertigkeiten, bestimmte Probleme zu lösen. Natürlich haben Schwächen und Stärken oder der Spaß und der Frust, den bestimmte Tätigkeiten mit sich bringen, Einfluss auf das Privatleben. Doch besonders Kompetenzen sind nur bedingt im Zusammenhang mit dem Beruf zu sehen. Gerade soziale Kompetenzen sind fester Bestandteil unserer Persönlichkeit, sowohl im Beruf als auch im Privatleben. Kompetenzen sind also eher allgemeine Anlagen und lassen sich in vier Hauptgruppen einteilen: Fachkompetenz, Individualkompetenz, Sozialkompetenz und Methodenkompetenz.

Legen Sie eine Liste an, auf der Sie die Kompetenzen eintragen, auf die es in Ihrem Job besonders ankommt. Bewerten Sie dann auf einer Skala von 0 bis 5, inwieweit die genannte Kompetenz auf Sie zutrifft. 0 bedeutet „überhaupt nicht zutreffend", 5 heißt „trifft voll und ganz zu". Einerseits hilft Ihnen das, sich selbst noch besser einzuschätzen, und andererseits erkennen Sie so, ob Ihr Beruf zu Ihnen passt und nach welchen Kriterien Sie gegebenenfalls einen anderen auswählen sollten.

Wenn Sie in manchen Bereichen unschlüssig hinsichtlich Ihrer Kompetenzen sind, beobachten Sie über einen festgelegten Zeitraum Ihr Verhalten in entsprechenden Situationen und listen Sie diese auf. Sie können auch eine Kollegin, Freundin oder Bekannte bitten, die Liste für Sie auszufüllen, und Ihr Ergebnis mit dem Ihrer Kollegin vergleichen.

Beispiel: Kompetenzliste

Kompetenz	Erkennen der Kompetenz	Bewertung auf Skala von 0 bis 5
Fachkompetenz: z. B. Ausdrucksfähigkeit, Handhabung von Materialien, Techniken und Geräten, Umgang mit Computern, Wahrnehmungsfähigkeit, Verallgemeinerungsfähigkeit, systemisches Handeln, Strategietransfer auf neue Situationen	Fachkompetenz zeigt sich z. B. in Berufsausbildung, Studium, Weiterbildungen, Zusatzqualifikationen, erworbenen Bescheinigungen, Zertifikaten, Beurteilungen, Zeugnissen, Projektergebnissen, Umsatzzahlen und ehrenamtlichen Tätigkeiten.	

Individualkompetenz: z. B. Kreativität, Flexibilität, Lernfähigkeit, Selbstwertgefühl, Frustrationstoleranz, Zielstrebigkeit, Kritikfähigkeit, Zuverlässigkeit, Verantwortungsbewusstsein, Selbstständigkeit	Individualkompetenz zeigt sich z. B. in typischen Handlungsmustern in bestimmten Situationen, im Umgang mit Erfolgen und Misserfolgen, in Aussagen, Beurteilungen und Teamgesprächen.	
Sozialkompetenz: z. B. Kontaktfähigkeit, Toleranz, Empathie, Menschenkenntnis, Teamfähigkeit, Kommunikationsfertigkeiten, Verantwortung, Durchsetzungsvermögen, interkulturelle Kompetenz	Sozialkompetenz zeigt sich z. B. im Feedback von Kollegen, Vorgesetzten, Freunden und Bekannten, im Erinnern an bestimmte Situationen und das entsprechende Verhalten sowie in Arbeitszeugnissen.	

Methoden-kompetenz: z. B. analytische Fähigkeiten, systematisches Denken, Organi-sationstalent, Beherrschen von berufsrelevanten Techniken, Vi-sionsfähigkeit, Koordinationsfer-tigkeit	Methodenkom-petenz zeigt sich z. B. in Ergebnissen von Projekten, Arbeits-zeugnissen, Gut-achten zu Dip-lom und Magis-terabschlüssen, allgemeinen Er-folgen und Miss-erfolgen	

Infobox

Lassen Sie sich mit dem Ausfüllen der Kompetenzliste Zeit. Werden Sie sich erst darüber klar, auf welche Kompetenzen es in Ihrer eigenen beruflichen Situation ankommt. Tragen Sie die entsprechenden Kompetenzen nach und nach in Ihre Liste ein. Schreiben Sie Ihre Beurteilung erst dazu, wenn die Liste vollständig ist.

Wer sich seiner Kompetenzen bewusst ist, kann sich nicht nur gezielter auf Stellenangebote bewerben, sondern auch während eines Vorstellungsgesprächs explizite Fragen beantworten und stellen.

Auf einen Blick

- → Die Selbsteinschätzung führt Ihnen vor Augen, wo Sie stehen, welches Ihre Ziele sind und wie Sie sich selbst am besten motivieren können – und unterstützt Sie so bei Ihrem beruflichen Fortkommen.
- → Bei der Stärken-Schwächen-Analyse können Sie sehen, was Sie besonders gut können und wo Sie noch nicht genutzte Reserven haben bzw. wo Sie dazulernen oder sich Hilfe holen sollten.
- → In der Spaß-Frust-Skala können Sie eintragen, welche Tätigkeiten Ihnen Freude bereiten und welche Unwillen hervorrufen. Das zeigt Ihnen, in welche Richtung Sie sich beruflich orientieren sollten.
- → Mithilfe der Kompetenzliste können Sie lernen, Ihre Fach-, Individual-, Sozial- und Methodenkompetenz hinsichtlich Ihres beruflichen Werdegangs noch besser einzuschätzen.
- → Wenn Ihnen klar ist, wo Ihre Stärken und Schwächen liegen, was Ihnen Spaß oder Frust bereitet und in welchen Bereichen Sie besonders kompetent sind, können Sie beruflichen Erfolg und Zufriedenheit gezielter anstreben.

1.2 Selbstwert

Unter Selbstwert versteht man die subjektive Bewertung der eigenen Person. Der Selbstwert setzt sich aus den fünf Säulen Selbstwahrnehmung, Selbstachtung, Selbstbewusstsein, Selbstwirksamkeit und Selbstverwirklichung zusammen. Um im Berufs- und Privatleben erfolgreich zu sein, ist ein hohes Selbstwertgefühl unerlässlich. Wer ein positives Selbstwertgefühl hat, wird im Allgemeinen bewundert. Doch auch solche Menschen werden gelegentlich von Selbstzweifeln geplagt.

Das Selbstwertgefühl spielt eine besonders wichtige Rolle im Berufsleben. Wer sich selbst positiv bewertet und einschätzt, tut sich nicht nur in vielen Dingen leichter und steckt Rückschläge schneller weg – er strahlt dieses positive Selbstwertgefühl auch nach außen aus. Die Folge: Mitarbeiter, Kollegen und Vorgesetzte nehmen Menschen mit einem gut ausgeprägten Selbstwertgefühl anders wahr als solche, die nur ein schwach ausgeprägtes besitzen. Menschen mit einem starken Selbstwertgefühl wird mehr zugetraut und sie haben demzufolge auch mehr Erfolge. Und aufgrund der daraus resultierenden Anerkennung können sie ihr Selbstwertgefühl immer mehr steigern.

Petra H., Consultant bei einem weltbekannten Beratungsunternehmen, wirkt nach außen hin tough und selbstbewusst. Sie hat eine erstklassige Ausbildung, verschiedene Zusatzqualifikationen, ist immer adrett gekleidet und vertritt in Meetings konsequent ihre Meinung. Die Kolleginnen und Kollegen bewundern sie. In Wirklichkeit aber zweifelt Petra H. an sich und ihrem Können. Sie ist unzufrieden mit ihrem Aufgabenbereich und überlegt, ob sie sich beruflich nicht neu orientieren soll. Petra H. hat ein schwaches Selbstwertgefühl, was sie aber gut kaschieren kann. Sie weiß auch, dass das Selbstwertgefühl ständig im Wandel ist und sich bald wieder zum Positiven ändern kann.

Infobox

Nicht immer stimmt das Bild, das wir von einer Person haben, mit ihrem tatsächlichen Selbstwertgefühl überein. Manche Menschen scheinen nach außen hin ein hohes Selbstwertgefühl zu haben, werden im Inneren aber von starken Selbstzweifeln geplagt. Andere, die auf den ersten Blick unsicher wirken, haben dagegen ein hohes Selbstwertgefühl.

Selbstwahrnehmung

Die Selbstwahrnehmung ist die erste der fünf Säulen des Selbstwerts und kennzeichnet die Fähigkeit einer Person, sich selbst zu beobachten und zu reflektieren. Die Aufmerksamkeit konzentriert sich dabei auf seelische Vorgänge und Zustände. So kann die sich selbst wahrnehmende Person verschiedene Phasen des Ablaufs psychischer Vorgänge bei sich ausmachen. Aufgrund der Fähigkeit zur Reflexion wird nicht nur eine Identität gewonnen, es werden auch die eigenen Emotionen besser differenziert. Verdrängungen oder Verzerrungen können die Selbstwahrnehmung beeinträchtigen und zu Selbsttäuschungen führen.

Zur Selbstwahrnehmung gehört unter anderem, dass man die eigenen Gedanken und Gefühle bewertet. Das klingt einfach, ist aber im Alltag nicht immer leicht umzusetzen. Oft wird einem erst im Nachhinein bewusst, welche Situationen bestimmte Gefühle auslösen. Doch dann ist es meist zu spät, angemessen zu reagieren. Bei verschiedenen Personen und in verschiedenen Situationen dauert es unterschiedlich lange, bis der Verstand die Gefühle reflektiert und bewertet.

Die Redakteurin Annika T. wird beispielsweise immer wieder von ihrer Kollegin Ursula R. angegriffen. Sie kritisiert ihren Schreibstil, ihre Überschriften und ihre Recherche-Methode. Die Kritik lässt Annika T. geduldig über sich ergehen. Sie wagt es nicht, zu widersprechen. Erst wenn sich ihr Freund zu Hause über Annikas schlechte Laune wundert, merkt sie, dass sie anders hätte reagieren sollen. Wenn sie ihren Ärger gleich an Ort und Stelle geäußert hätte, hätte sie ihn nicht mit nach Hause tragen müssen.

Infobox

Ziehen Sie täglich eine Gefühlsbilanz. Schreiben Sie die Gefühle auf, die sie in bestimmten Situationen hatten. Notieren Sie, wie Sie reagierten und ob Sie im Nachhinein mit der Reaktion zufrieden sind. Schreiben Sie auch dazu, wenn Sie in einer ähnlichen Situation in Zukunft anders reagieren möchten. Überlegen Sie sich genau, was die Gefühle bei Ihnen auslösten und ob Sie alle Emotionen wahrnehmen konnten, die im Zusammenhang mit der Situation standen. Versuchen Sie die Emotionen zu interpretieren.

Selbstachtung

Nur wer sich selbst achtet, kann sich selbst treu bleiben. Selbstachtung geht mit dem Respekt der individuellen Werte eines jeden Menschen einher. Wer seine eigenen Werte vor allem in brenzligen Situationen konsequent vertreten kann, macht das Bestmögliche für eine hohe Selbstachtung. Es wird Ihnen aber trotz bester Vorsätze immer wieder passieren, dass Sie gegen Ihre eigenen Werte verstoßen. Vor allem bei kleineren Verstößen werden Sie es zunächst kaum merken. Doch auch geringe Verstöße summieren sich und gehen immer zulasten Ihrer Selbstachtung.

Peter F. ist erfolgreicher Werbekonzeptionierer in einer internationalen Agentur. Bei seinem Einstellungsgespräch vor einigen Jahren stellte er klar, ausschließlich für Unternehmen Werbung machen zu wollen, mit denen er sich identifizieren kann. Nachdem er zwei Jahre lang fast ausschließlich Kampagnen für Non-Profit-Unternehmen wie Umweltorganisationen und Tierschutzvereine entwarf, die wenig Umsatz brachten, wollten seine Vorgesetzten ihn verstärkt in gewinnträchtigeren Bereichen einsetzen. Mit einer Werbekampagne für Milchprodukte und Holzspielzeug hatte er keine Probleme, doch als man ihn bat, Werbung für Zigaretten zu entwerfen, schluckte er, schwieg und entwickelte eine erfolgreiche Werbestrategie. Mittlerweile wird er als Werber für Chemie- und Pharmaunternehmen eingesetzt. Peter F. hat das Gefühl, sich selbst untreu geworden zu sein, und fühlt sich zunehmend unwohl.

Wer gegen seine eigenen Werte und Überzeugungen arbeitet, verliert an Selbstachtung. Darunter leidet früher oder später das Selbstwertgefühl. Es wäre besser gewesen, wenn Peter F. um Bedenkzeit gebeten hätte, als die Geschäftsführer ihn um die Konzeption einer Werbekampagne für Zigaretten baten. Dann hätte er in Ruhe seine Werte überdenken und vielleicht eine Kompromisslösung vorschlagen können. Er hätte sich beispielsweise bereit erklären können, zu den Non-Profit-Kunden weitere Kunden zu nehmen, um den Umsatz der Agentur zu erhöhen. Er hätte vorher die Kundendatei durchsehen und sich überlegen können, für welche Kunden er Werbung machen möchte und bei welchen er das Gefühl hätte, er würde einen Teil seiner Selbstachtung verlieren.

Infobox

Lernen Sie Ihre eigenen Werte und Überzeugungen kennen. Überlegen Sie genau, ob Sie danach leben. Prüfen Sie von Zeit zu Zeit, ob die Werte noch aktuell sind. Gerade im Berufsleben befindet man sich ständig im Wandel und manche Überzeugungen, die gestern von großer Wichtigkeit waren, haben heute an Bedeutung verloren.

Selbstbewusstsein

Umgangssprachlich wird Selbstbewusstsein mit Selbstwert gleichgesetzt, doch Selbstbewusstsein ist nur eine der fünf Säulen des Selbstwerts. Selbstbewusstsein bedeutet im Wortsinn, sich seines Selbst bewusst zu sein, also das Wissen um sich selbst. Selbstbewusstsein erhält man unter anderem durch Selbstwahrnehmung, also indem man sich ständig nach innen gerichtet beobachtet und über sein Verhalten und seine Emotionen reflektiert. Selbstbewusstsein bedeutet, sich mit seinen persönlichen Eigenheiten zu kennen. Wer sich seines Selbst bewusst ist, kann sein Erleben, Denken und Handeln beurteilen. Sich seines Selbst bewusst sein heißt auch, sich selbst zu akzeptieren. In der Regel verfügt ein Individuum immer über Teile seines Selbst, die es akzeptiert, und über andere, die es nicht akzeptiert. Die nicht akzeptierten Anteile sind für das Selbstwertgefühl von Bedeutung, weil es Bereiche sind, mit denen der Mensch sich nicht ausgesöhnt hat. Manchmal handelt es sich dabei um Schwächen, die die entsprechende Person nicht wahrhaben möchte und verdrängt. Selbstbewusstsein bekommt man nicht in die Wiege gelegt und kann man auch nicht in einem Seminar lernen. Eine große Hilfe, sich seiner selbst bewusst zu werden, ist das Reflektieren der eigenen Persönlichkeit. Fragen Sie sich, warum Sie in bestimmten Situationen auf bestimmte Weise und nicht anders reagiert haben.

Infobox

Die beste Möglichkeit, Selbstbewusstsein zu bekommen, ist das Feedback. Unter Feedback versteht man konstruktive Kritik, die von Kollegen, Vorgesetzten, Seminarteilnehmern oder auch Freunden kommt. Feedback sollte immer direkt erteilt werden. Jedes Feedback sollte als Ich-Botschaft formuliert sein, also beispielsweise „Ich habe das Gefühl, dass ...", „Mir kommt es vor, als ...", nicht in Du-Botschaften („In Meetings bist du manchmal ..."). Ein Feedback besteht aus drei Teilen: der subjektiven Wahrnehmung, der Wirkung auf den Beobachtenden und einem Wunsch oder Vorschlag.

Wenn Sie mithilfe von Selbstbeobachtung und Feedback daran arbeiten, sich Ihres Selbst bewusster zu werden,

werden Sie dieses Selbstbewusstsein auch nach außen ausstrahlen und vieles wird Ihnen leichter von der Hand gehen. Wer selbstbewusst ist, glaubt an sich und kennt seine Grenzen – eine wichtige Voraussetzung, um seinen Beruf mit Freude ausüben zu können.

Selbstwirksamkeit

Selbstwirksamkeit ist die vierte Säule des Selbstwerts. Unter Selbstwirksamkeit versteht man die Fähigkeit, mithilfe der individuellen Kompetenzen Handlungen auszuführen, die gewünschte Ziele und Ergebnisse ansteuern. Wer merkt, dass sein eigenes Selbst wirksam ist, erhöht sein Selbstwertgefühl. Umgekehrt ist es frustrierend, zu sehen, dass das Selbst wenig Wirkung erzielt und kaum Einfluss auf die Umwelt hat. Wenn Sie unsicher über Ihre Selbstwirksamkeit sind, fragen Sie sich, ob Ihre Handlungen die von Ihnen gewünschten Wirkungen erzielen, wie z. B. einen Karrieresprung, höheres Gehalt, einen Geschäftswagen. Überlegen Sie sich, in welchen Bereichen Ihr Handeln besonders wirksam ist und in welchen weniger, und suchen Sie nach den Gründen. Gerade am Arbeitsplatz sind es oft äußere Faktoren, die die Selbstwirksamkeit einschränken.

Die Verkäuferin hochwertiger Designermode, Melissa S., erzielt den höchsten Umsatz, wenn sie sich mit den Kundinnen über deren Privatleben unterhält. Sie öffnen sich, gewinnen Vertrauen und investieren eine hohe

Summe in die aktuelle Mode. Ihr Chef hat dieses Verhalten schon oft kritisiert, weil er der Meinung ist, Berufliches und Privates müsse getrennt werden. Nun hat er ihr verboten, sich über das Geschäftliche hinausgehend mit den Kundinnen zu unterhalten. Melissa S. macht seitdem weniger Umsatz. Sie wurde in ihrer Selbstwirksamkeit eingeschränkt und sollte sich fragen, ob sie nicht besser in eine andere Boutique wechseln sollte.

Selbstverwirklichung

Selbstverwirklichung ist die letzte Säule des Selbstwerts. Sich selbst zu verwirklichen bedeutet, seine Wünsche, Visionen und Träume zu erfüllen mit dem Ziel, dabei sein eigenes Wesen zu entfalten und so zu Befriedigung zu gelangen. Dabei sollten alle Ressourcen, Anlagen, Potenziale und Talente ausgeschöpft werden. Sinnvolles wirksames Handeln ist sehr motivierend, der Mensch kann in diesem dynamischen Prozess wachsen und sich selbst verwirklichen. In der Bedürfnispyramide, die der amerikanische Psychologe Abraham Maslow (1908–70) entwickelte, steht Selbstverwirklichung an der Spitze.

Wenn Sie unsicher sind, ob Sie sich derzeit beruflich selbst verwirklichen, fragen Sie sich nach dem persönlichen Gewinn, den eine Handlung für Sie hat. Selbstverwirklichung ist meistens von finanziellen Zuwendungen unabhängig. Man kann sich beispielsweise auch selbst verwirklichen, indem man in seiner Freizeit malt, musiziert oder schreibt. Das Endprodukt gibt Befriedigung und zählt – nicht allein die Tatsache, ob damit Geld zu verdienen ist.

Selbstverwirklichung

Soziale Anerkennung

Soziale Beziehungen

Sicherheit

Körperliche Grundbedürfnisse

Abb.: Bedürfnishierarchie nach Maslow

Selbstbild/Fremdbild
Beim Selbstwert geht es in erster Linie darum, wie eine Person sich selbst sieht, was sie von sich wahrnimmt und wie sie dazu steht. Das Fremdbild steht im Gegensatz zum Selbstbild und beschreibt, wie Außenstehende eine Person wahrnehmen, sehen und beurteilen.

Dabei ist zu beachten, dass die Fremdbilder verschiedener Beobachter in den seltensten Fällen identisch sind. Ihr Vorgesetzter wird Sie anders einschätzen als Ihre Mitarbeiter. Ihre Kunden werden ein anderes Fremdbild von Ihnen haben als die Lieferanten. Und Ihr Partner beurteilt Sie vermutlich anders, als Ihre Kinder oder Eltern das tun. Dennoch gibt es bei den Fremdbildern in der Regel Überschneidungen. Je mehr Fremdbilder Sie von sich sammeln, umso facettenreicher und treffender ist Ihr Gesamt-Fremdbild. Holen Sie sich auch regelmäßig Feedback von Kollegen, Mitarbeitern und Vorgesetzten ein und vergleichen Sie das Fremdbild mit dem Bild, das Sie selbst von sich haben. Wo stimmen die Bilder überein, wo divergieren sie? Selbst- und Fremdbilder sind keine statischen Größen. Sie ändern sich im Laufe unseres (Berufs-)Lebens ständig und sollten deshalb regelmäßig „abgefragt" werden. Das Fremdbild kann eine große Hilfe bei Ihrer persönlichen Weiterentwicklung sein.

Auf einen Blick

Der Selbstwert setzt sich aus den folgenden fünf Säulen zusammen:

- → Selbstwahrnehmung
- → Selbstachtung
- → Selbstbewusstsein
- → Selbstwirksamkeit
- → Selbstverwirklichung

Das Fremdbild hilft uns dabei, herauszufinden, wie andere uns sehen. Ein Vergleich mit dem Selbstbild zeigt, welche Aspekte wir bei uns selbst nicht wahrnehmen und an welchen Teilen wir arbeiten können, um uns weiterzuentwickeln.

1.3 Persönlichkeit

Jeder Mensch hat eine individuelle Persönlichkeit, die ihn zu dem macht, was er ist. Unter Persönlichkeit oder Charakter versteht man die individuellen Persönlichkeitseigenschaften eines Menschen. Wer eine außergewöhnliche Persönlichkeit hat, verfügt über einen entschlussfreudigen und gefestigten Charakter, kann gut mit Niederlagen umgehen und hat beispielsweise schon unpopuläre Entscheidungen erfolgreich durchgesetzt. Die Persönlichkeit ist ein Zusammenwirken aus der individuellen Lebenserfahrung, der genetischen Veranlagung und äußeren Einflüssen sowie deren persönliche Verarbeitung. Das Auftreten einer Person hängt vor allem im Berufsleben eng mit der Persönlichkeit zusammen. Ein entsprechendes Auftreten ist bei der Karriere förderlich.

Was ist Persönlichkeit?

Der Begriff „Persönlichkeit" hat sich aus dem lateinischen Wort „Persona" entwickelt, was ursprünglich die Bezeichnung der Masken der Schauspieler im römischen Theater war. Beobachtet man jemanden eine Zeit lang, wird man feststellen, dass sich das Verhalten eines Menschen in vergleichbaren Situationen immer wiederholt. Dieses sich wiederholende Verhalten macht die Persönlichkeit eines Menschen aus. Wenn man zum ersten Mal die neue Kollegin im Meeting als cholerisch empfindet, wird man ihr noch keinen cholerischen Charakter zuweisen. Wenn sich die Ausbrüche aber wiederholen, wird man ihr bald eine cholerische Persönlichkeit zuschreiben. Bestimmte Situationen sind mit sinnlichen Wahrnehmungen verbunden: Der Kollege hört, dass die Chefin die Stimme anhebt, der Mitarbeiter sieht, dass sein Gegenüber rot wird, der Vorgesetzte merkt, dass der Angestellte zu stottern beginnt. Diese sinnlichen Wahrnehmungen sind mit Erinnerungen verknüpft, die im Gedächtnis abgespeichert sind.

Wenn Bernd L. beispielsweise hört, dass seine Chefin lauter wird, denkt er an seinen ehemaligen Vorgesetzten zurück, der erst die Stimme anhob und dann begann, ihn mit destruktiver Kritik zu überschütten. In seinem Gedächtnis ist die Verbindung von „laute Stimme" und „Kritik" verankert, und so fürchtet er sich jedes Mal wieder vor unangemessener Kritik, wenn seine Chefin lauter wird.

Infobox

Nicht immer ist man sich darüber bewusst, warum man in vergleichbaren Situationen ähnlich reagiert. Vieles ist im Unbewussten verborgen.

Wie entwickelt sich Persönlichkeit?

Bei der Entwicklung der Persönlichkeit spielen verschiedene Faktoren eine Rolle. Grundlegende Aspekte wie das

Urvertrauen, das Selbstwertgefühl, individuelle Normen und Werte sowie auch die Leistungsbereitschaft und die Eigenverantwortung gehören dazu.

Die Entwicklung des **Urvertrauens** hängt beispielsweise davon ab, ob Bedürfnisse kleiner Kinder ernst genommen und erfüllt wurden.

Infobox

Das Urvertrauen wird im Säuglingsalter gebildet. Wenn die Bedürfnisse von Babys wahrgenommen werden – sie also zu dem Zeitpunkt gefüttert, gewickelt und gestreichelt werden, an dem sie das signalisieren – haben sie gute Chancen, als Erwachsene optimistisch und zuversichtlich zu werden.

Wer Urvertrauen hat, geht später positiv, mutig und lebensbejahend durch die Welt. Wenn jemand als Kind erleben musste, dass die natürlichsten Bedürfnisse nicht befriedigt wurden, wird später mit Misstrauen zu kämpfen haben.

Auch ein positives **Selbstwertgefühl** (siehe Kapitel 1.2) ist Teil der Persönlichkeit. Wer ein starkes Selbstwertgefühl hat, sieht die Dinge positiv und kann Fehlschläge besser verarbeiten als Menschen mit einem geringen Selbstwertgefühl. Ein hohes Selbstwertgefühl ist die Grundlage für Erfolg im Beruf und Privatleben.

Zur Entwicklung der Persönlichkeit gehören zudem **individuelle Normen und Werte**, d. h. persönliche Grundsätze, die helfen, unser Handeln zu bewerten. Diese Regeln werden meist erst von den Eltern übernommen und später reflektiert. Dann entscheidet man, welche Grundsätze man aufnimmt, welche man ablehnt und welche man ändert. Wer beispielsweise schon als Kind eingetrichtert bekam, dass ein hohes Einkommen über Glück und Unglück entscheidet, wird dies vielleicht als Berufsanfänger noch verinnerlicht haben. Dennoch besteht die Möglichkeit, dass er bald merken wird, dass er sein persönliches Glück nicht im Verdienen von viel Geld findet, sondern dass es ihn erfüllt, anderen zu helfen. So ist nicht ausgeschlossen, dass sich der Betreffende einen sozialen Beruf sucht, der viel persönliche Erfüllung, aber wenig finanzielle Anerkennung bringt.

Die **Leistungsbereitschaft** ist eng mit der Selbstwirksamkeit (siehe Kapitel 1.2) verknüpft und bedeutet, dass mit dem eigenen Verhalten etwas bewirkt und erreicht wird, dass man Einfluss auf etwas ausüben kann. Wer selbstwirksam ist, ist meist hoch motiviert und sieht Herausforderungen viel eher als Chancen und nicht als unüberwindbare Hindernisse.

Auch die **Eigenverantwortung** trägt einen Teil zur Entwicklung der Persönlichkeit bei. Wer sich nicht davor scheut, im Beruf und Privatleben Verantwortung zu übernehmen, wer eigenständig arbeitet und keine Angst davor hat, Entscheidungen zu treffen, verfügt über ein hohes Maß an Eigenverantwortung. Das ist eine wichtige Voraussetzung, um beruflich Fuß zu fassen und die Karriereleiter zu erklimmen.

All diese Faktoren tragen zusammen zur Entwicklung der Persönlichkeit bei. Die Persönlichkeit selbst ist nicht statisch, sondern kann sich weiterentwickeln und ändern. Doch je älter wir werden, umso schwerer fällt uns das.

Infobox

Zwischen 40 und 50 Prozent der Persönlichkeit sind genetisch bedingt, 30 bis 40 Prozent gehen auf Erlebnisse im Alter von bis zu fünf Jahren zurück und nur zehn bis 30 Prozent unserer Persönlichkeit entwickeln sich aufgrund späterer Erlebnisse.

Zehn bis 30 Prozent unserer Persönlichkeit können also von uns verändert und beeinflusst werden. Wenn Sie in Kapitel 1 bestimmte Defizite bei sich feststellen, sollten Sie gezielt daran arbeiten – es lohnt sich! Der Grundcharakter ändert sich bei den meisten Menschen im Laufe ihres Lebens aber nur wenig. Wer in der Grundschule schüchtern und zurückhaltend war, wird im Berufsleben nicht plötzlich im Mittelpunkt stehen wollen.

Infobox

Beobachten Sie einmal Ihre ehemaligen Klassenkameraden bei Klassentreffen und vergleichen Sie deren momentane Persönlichkeit mit früher. Wer ist anders als zu Schulzeiten? Einzelne veränderte Nuancen in Verhaltensmustern werden Sie sicher feststellen, doch aus einem Mauerblümchen wird in den seltensten Fällen ein Star.

Veränderungen fallen uns auch deshalb so schwer, weil wir Verhaltensmuster über viele Jahre eingeübt haben und weil sie uns in manchen Situationen auch genützt haben. Überprüfen Sie Ihr Verhalten von Zeit zu Zeit und überlegen Sie, ob Sie etwas daran ändern möchten. Das bedeutet aber, dass Sie bewusst über Ihren eigenen Schatten springen müssen, und das fällt niemandem leicht.

Ihr Auftreten entscheidet über beruflichen Erfolg

Auf Ihre Persönlichkeit haben Sie einen geringen Einfluss, auf Ihr Auftreten dagegen einen großen. Mithilfe Ihres Auftretens tragen Sie erheblich dazu bei, ob Sie beruflich erfolgreich sind oder nicht. Ihr Auftreten zeigt sich im Verhalten gegenüber Vorgesetzten, Kollegen, Mitarbeitern und Kunden sowie im Einhalten von Höflichkeitsregeln, Pünktlichkeit und Rücksichtnahme. Auch Ihr Arbeitsplatz, ob nüchtern-aufgeräumt oder chaotisch-kreativ, gehört mit zu Ihrem Auftreten, genauso wie Ihr Verhalten in Konfliktsituationen. Seien Sie vor allem im Umgang mit Kunden absolut professionell, aber auch intern. Wenn ein Kunde Sie lobt, bitten Sie ihn, das Lob direkt an Ihren Chef weiterzugeben – das wirkt glaubwürdiger, als wenn Sie es selbst tun würden. Hüten Sie sich vor falscher Bescheidenheit und halten Sie sich aus Klatsch und Tratsch möglichst heraus. Wenn Sie auf sich aufmerksam machen wollen, sollten Sie besonders Meetings nutzen. Um Ihr verbales Auftreten zu verbessern, können Sie einiges tun, beispielsweise eine gute Rhetorik-Schulung besuchen, Videoaufnahmen anfertigen und Feedback einholen. Mehr Selbstsicherheit beim Sprechen bekommen Sie mit den nachfolgenden Tipps:

- Entschuldigen Sie sich nicht für Selbstverständlichkeiten. Wer von einer Supermarktverkäuferin wissen möchte, wo der Grieß liegt, braucht sich dafür nicht zu entschuldigen.
- Freuen Sie sich aufrichtig über Komplimente und nehmen Sie diese dankend an. Wenn Sie jemand für Ihr schönes Kleid lobt, antworten Sie beispielsweise „Danke, mir gefällt es auch gut" und nicht „Gefällt es Ihnen wirklich? Es war ein Schnäppchen im Sommerschlussverkauf".
- Rechtfertigen Sie sich so wenig wie möglich. Vermeiden Sie beispielsweise zu sagen „Damit wollte ich doch nur vermeiden, dass ...", sondern antworten Sie selbstbewusst „Ja, genau, das habe ich getan." Oder „Stimmt. Diese Meinung vertrete ich."

- Formulieren Sie klar und deutlich Ihre Wünsche. Sagen Sie nicht „Eigentlich könnte man langsam eine Pause machen", sondern „Ich schlage vor, dass wir jetzt für fünf Minuten eine Unterbrechung machen".
- Vermeiden Sie Allgemeinfloskeln. Vermeiden Sie zu sagen „Der Vortrag war gut", sondern sagen Sie „Die PowerPoint-Präsentation war sehr anschaulich."
- Sprechen Sie laut, deutlich und betont.
- Verschlucken Sie keine Silben.
- Bleiben Sie bezüglich Ihrer Äußerungen standhaft. Sagen Sie nicht an einem Tag das Gegenteil von dem, was Sie am Vortag sagten.

In Kapitel 4 finden Sie weitere Hinweise für eine gelungene Kommunikation. Doch neben der verbalen Verständigung spielt auch die nonverbale Kommunikation eine tragende Rolle im Berufsleben. Die folgenden Hinweise helfen Ihnen dabei, Ihre nonverbale Kommunikation zu verbessern:

- Achten Sie auf eine lebendige Mimik.
- Blicken Sie Ihrem Gesprächspartner offen und freundlich in die Augen, aber starren Sie ihn nicht an.
- Lächeln Sie viel. So gewinnen Sie Vertrauen und Sympathie.
- Bemühen Sie sich um eine aufrechte Körperhaltung.
- Positionieren Sie Ihre Hände so, dass sie sichtbar sind.

- Bemühen Sie sich um eine ruhige Gestik. Spielen Sie nicht mit Haaren, Kette oder Kugelschreiber.
- Gewöhnen Sie sich einen festen Händedruck an.

Infobox

Nonverbale Elemente spielen bei Gesprächspartnern eine noch wichtigere Rolle als verbale: 40 Prozent werden nach dem aufgenommen, was wir sagen, und 60 Prozent danach, wie wir etwas sagen.

Dass Kleider Leute machen, gilt auch im Berufsleben. Legen Sie deshalb Wert auf ein angemessenes und gepflegtes Äußeres. Kleiden Sie sich, auch wenn Sie ein ausgeprägter Individualist sind, nicht zu auffällig. Mit gedeckten Farben wie Schwarz, Grau oder Dunkelblau liegen Sie meist richtig. Mit bunten Accessoires, beispielsweise Tüchern oder Krawatten, können Sie farbliche Nuancen setzen.

Eine Regel besagt, dass man sich immer so kleiden sollte, wie die Personen, die auf der Karriereleiter schon einen Schritt weiter sind. Orientieren Sie sich also an der Kleidung Ihrer Vorgesetzten. Investieren Sie lieber in wenige, aber dafür in erstklassige Anzüge, hochwertige Kostüme oder klassische Hosenanzüge. Vermeiden Sie einen zu extremen Mustermix. Frauen sollten auf nackte Beine, Spaghettiträger, bauchfreie Oberteile, weite Ausschnitte und durchsichtige Kleidung verzichten. Männer sollten wadenbedeckende Socken in gedeckten Farben tragen und keine Krawatten mit lustigen Figuren oder Tennissocken anziehen.

Infobox

Wenn Sie sich unsicher sind, welche Farben zu Ihnen passen, empfiehlt sich die Investition in eine Farb- und Stilberatung. Dort werden Sie dem Frühjahr-, Sommer-, Herbst- oder Wintertyp zugeordnet und bekommen eine Farbskala, die Sie zum Einkaufen mitnehmen können.

Kleidung im Berufsleben wird heute lockerer gehandhabt als noch vor einigen Jahren. Jeans sind in vielen Bereichen nicht mehr verpönt, solange sie entsprechend kombiniert werden. In zahlreichen Branchen gibt es dennoch ungeschriebene Kleidungskodizes, an denen Sie sich orientieren sollten. Beispielsweise kleidet man sich im Bankgewerbe anders als in der IT-Branche oder in einer Werbeagentur.

Auch wenn es bei Ihnen im Büro locker zugeht, sollten Sie auf einen zu betonten Freizeitlook verzichten. Wenn Sie mit Ihren Kollegen einen Kundentermin planen, sollten Sie sich vorher über die Kleiderordnung abstimmen. Es macht keinen guten Eindruck, wenn zwei Gesprächspartner im Anzug erscheinen und der dritte mit ausgebeulter Cordhose, Karohemd und Gesundheitsschuhen.

Natürlich ist es wichtig, dass Sie an Ihrem Arbeitsplatz Kleidung tragen, in der Sie sich wohlfühlen. Bequeme Kleidung ist für Ihre Kollegen, die Sie täglich sehen und kennen, auch durchaus akzeptabel. Bei einem Geschäftstermin ist die Kleidung jedoch umso wichtiger, da Ihr Gegenüber Sie zuerst nur nach Ihrer Garderobe und Ihrem Auftreten beurteilen kann.

Auf einen Blick

- → Unter Persönlichkeit versteht man individuelle Eigenschaften, die sich in vergleichbaren Situationen wiederholen.
- → Bei der Entwicklung der Persönlichkeit spielen die Faktoren Urvertrauen, Selbstwertgefühl, individuelle Normen und Werte, Leistungsbereitschaft und Eigenverantwortung eine entscheidende Rolle.
- → Auf die Persönlichkeit hat man wenig Einfluss, auf das Auftreten einen großen.
- → Ein Mangel an Persönlichkeit kann durch ein entsprechendes Auftreten ausgeglichen werden.
- → Zum Auftreten gehört verbales und nonverbales Verhalten.
- → Ein gelungenes Auftreten wird durch ein angemessenes Äußeres unterstrichen.

2. Ziele

Wer beruflich erfolgreich sein möchte, braucht Ziele. Damit Sie Ihre Ziele erreichen und es nicht bei Plänen bleibt, müssen die Ziele zu Ihnen passen. In Kapitel 1 haben Sie Ihre Stärken-Schwächen-Analyse und Ihre Spaß-Frust-Skala erstellt sowie Ihre Kompetenzen kennengelernt. Nun wissen Sie, wo Sie momentan stehen, und können sich auf Ihre Zukunft konzentrieren: Welches Ziel möchten Sie wann und wie erreichen?
Die Ziele nicht aus den Augen zu verlieren ist nicht immer leicht. Gudrun P. nahm beispielsweise nach ihrem Studium der Publizistik eine Stelle in der Kommunikationsabteilung einer großen Bank an, wo sie für die Mitarbeiterzeitschrift verantwortlich ist. Sie hatte damals keinen anderen Job gefunden, wollte aber spätestens nach drei Jahren in eine PR-Agentur wechseln, wo sie kreativer arbeiten kann. Nun sitzt sie seit fünf Jahren auf ihrer Stelle und ist damit wenig zufrieden. Doch das Tagesgeschäft hält sie davon ab, sich neu zu orientieren. Ihr Tag ist ausgefüllt mit Meetings, Telefongesprächen, Recherchen und Schreiben. Oft muss sie bis spätabends an Sitzungen teilnehmen. Wenn sie dann nach Hause kommt, ist sie zu müde, um sich um eine neue Stelle zu kümmern. Außerdem schätzt sie die Sicherheit der festen Anstellung und die gute Bezahlung. Gudrun P. hat ihre Ziele aus den Augen verloren.

2.1 Ziele finden

Ziele sind immer an der Zukunft ausgerichtet. Manchmal sind sie noch verschwommen, in diesem Fall müssen sie klarer umrissen und definiert werden. Manchmal erreichen wir Ziele schneller als gedacht und müssen uns neue Ziele suchen. Andere Ziele werden im Laufe der Zeit unwichtig, denn Ziele können sich ändern.

Infobox

Träumen erlaubt! Die folgende Übung kann Ihnen helfen, neue Ziele zu definieren oder Ziele, die Sie aus den Augen verloren haben, wiederzufinden: Stellen Sie sicher, dass Sie für zehn Minuten ungestört sind. Legen oder setzen Sie sich entspannt hin und schließen Sie die Augen. Träumen Sie nun in allen Einzelheiten von Ihrem beruflichen Erfolg. Wenn Sie den Tagtraum problemlos zehn Minuten träumen können und dabei eine tragende Rolle spielen, sind Sie auf dem richtigen Weg.

Ziele müssen nicht nur zu den individuellen Fähigkeiten, Anlagen und Talenten, sondern auch zum persönlichen Werdegang passen. Unrealistische Ziele sind zum Scheitern verurteilt.

Hans G. möchte beispielsweise gerne als Trainer arbeiten. Doch es fällt ihm schwer, auf andere Menschen zuzugehen und im Mittelpunkt zu stehen. Selbst mit Schulungen in Rhetorik, Präsentation und Moderation hätte er damit noch Probleme, weil er aufgrund seiner Persönlichkeit nicht dafür geeignet ist. Hans G. braucht neue Ziele.

Ilse K. dagegen hat in einem großen Unternehmen eine beachtliche Karriere als Ingenieurin gemacht. Dabei hatte sie hin und wieder Kontakte mit der Presse. Nun möchte sie sich beruflich neu orientieren und bewirbt sich als Pressesprecherin im eigenen Haus. Ilse K. erhält eine Absage, weil ihre bisherige Laufbahn keine Berührungspunkte mit dem Beruf einer Pressesprecherin erkennen lässt und ihr Know-how und Erfahrungen auf diesem Gebiet fehlen.

Bevor Sie sich also Ziele setzen, sollten Sie deren Nutzen prüfen. Achten Sie darauf, dass die Ziele mit Ihren persönlichen Fähigkeiten und Wertvorstellungen übereinstimmen, sonst sind sie zum Scheitern verurteilt. Formulieren Sie Ihre Ziele präzise und vergessen Sie die Zeitangaben nicht. Ihre Ziele dürfen anspruchsvoll („In fünf Jahren bin ich Geschäftsführerin einer Werbeagentur"), aber nicht praktisch unerreichbar sein („In zwei Jahren werde ich das größte Unternehmen der Welt leiten"). In Kapitel 2.2 werden Sie lesen, wie Sie Ihre Ziele definieren. Doch schreiben Sie zunächst spontan Ihre momentanen Ziele auf, ohne diese zu bewerten. Notieren Sie dazu, bis wann Sie die Ziele erreichen möchten. Wenn Sie damit fertig sind, streichen Sie Folgendes aus Ihrer Liste:

- Utopische Ziele („Ich möchte gerne den Nobelpreis bekommen")
- Ziele, die gegen Ihre persönlichen Werte, gegen Rechte oder Menschen gerichtet sind („Ich möchte mich nachts im Kaufhaus einschließen lassen und alles mitnehmen, was ich haben will")
- Ziele, für die Sie keine Qualifikationen aufweisen können („Ich bin Floristin und möchte in zwei Jahren Prokuristin eines Automobilunternehmens sein")

Nach diesem Schritt unterscheiden Sie diejenigen Ziele, die Sie direkt angehen können, von denjenigen Zielen, die Sie erst zu einem späteren Zeitpunkt verwirklichen können. Schließlich klammern Sie die letztgenannten Ziele ein. Mit den erstgenannten Zielen haben Sie nun eine Ausgangsbasis, mit der Sie weiterarbeiten können.

Auf einen Blick

Tagträume können Sie bei der Suche nach Zielen unterstützen. Ziele müssen zu den Kompetenzen, Anlagen, zum Werdegang und zur Persönlichkeit passen, zudem müssen Sie mit den individuellen

Werten übereinstimmen. Ziele sollten so präzise wie möglich formuliert werden und immer eine konkrete Zeitangabe beinhalten (also nicht „Ich will natürlich abnehmen", sondern „An Weihnachten möchte ich 60 Kilogramm wiegen"). Ihre Ziele dürfen anspruchsvoll, sie sollten aber nicht unerreichbar sein.

2.2 Ziele definieren

Drei Fragen sollten Sie bei Ihrer persönlichen Zielsetzung beantworten:

- Was möchte ich erreichen?
- Wie möchte ich das machen?
- Wann will ich das Ziel erreicht haben?

Halten Sie Ihr Ziel schriftlich fest. Um das Gesamtziel zu erreichen, sind mehrere Teilziele nötig. Ein Maßnahmenplan legt die einzelnen Schritte fest, der Aktionsplan hilft Ihnen dabei, Ihr Ziel umzusetzen. Formulieren Sie zunächst Ihr Gesamtziel mit Zeitrahmen, z. B. „Ich will mich im Jahr 2010 mit einem Friseursalon selbstständig machen".

Ich habe folgendes Ziel: ______________________

Etappenziele

Ziele können in den meisten Fällen nur mithilfe von Etappenzielen erreicht werden. Sobald Sie das erste Etappenziel erreicht haben, haben Sie ein Erfolgserlebnis und sind motiviert, die nächsten Teilziele anzugehen. Etappenziele könnten im Fall der Friseuse folgende sein:

- Zugangsvoraussetzungen feststellen
- Freiräume für Ausbildung schaffen
- Ausbildung absolvieren
- Finanzierung klären
- Kündigen
- Räumlichkeiten und Personal suchen

Übung: Schreiben Sie in chronologischer Reihenfolge Ihre Etappenziele auf:

Etappenziel 1: ______________________

Etappenziel 2: ______________________

Etappenziel 3: ______________________

Etappenziel 4: ______________________

Maßnahmenplan

Schreiben Sie in Ihren Maßnahmenplan, welche Schritte notwendig sind, um Ihr Vorhaben in die Tat umzusetzen. Die Grundlage für den Maßnahmenplan liefern Ihre Etappenziele. Denken Sie dabei an Zusatzqualifikationen, die

Sie erwerben müssen, Gespräche, die Sie führen müssen, Finanzierungen, die Sie zu klären haben, Menschen, auf deren Hilfe Sie angewiesen sind, an erste Anschaffungen etc. Orientieren Sie sich an folgendem Beispiel:

Voraussetzungen für Meisterprüfung klären
- Informationen bei Handwerkskammer einholen
- Kosten der Ausbildung feststellen
- Ausbildungsorte abklären

Freiräume für Ausbildung schaffen
- Mit Chefin über Pläne sprechen und um verkürzte Arbeitszeiten bitten
- eventuell um Putzfrau und Babysitter kümmern
- Partner um Rückendeckung am Wochenende bitten
- Prioritäten setzen
- Familie um Verständnis für Zeitknappheit bitten

Ausbildung absolvieren
- anmelden
- Meisterschule besuchen
- Prüfungen bestehen

Finanzierung klären
- Businessplan erstellen
- Termin mit Hausbank machen
- Absprache mit Steuerberater halten
- über Existenzgründerdarlehen informieren

Kündigen
- rechtzeitig Chefin und Kollegen über bevorstehende Kündigung informieren
- kündigen
- Abschiedsfest organisieren

Räumlichkeiten und Personal suchen
- Über Mieten informieren
- Örtlichkeiten klären
- Makler beauftragen
- Räume suchen
- Kaution und Provision bezahlen
- Räume renovieren und einrichten
- Stellenanzeige veröffentlichen
- Vorstellungsgespräche führen
- Personal einstellen
- Personal anlernen

Sonstiges
- Werbematerial herstellen
- Internetseite erstellen
- Eröffnungsparty organisieren
- Pressemitteilung schreiben

Übung: Erstellen Sie nun ausgehend von Ihren Etappenzielen Ihren persönlichen Maßnahmenplan auf einem Blatt Papier. Überlegen Sie dabei konkret, welche Schritte notwendig sind, um Ihr Ziel zu erreichen.

Aktionsplan

Sie haben Ihr Ziel formuliert, Etappenziele gefunden und einen Maßnahmenkatalog erstellt. In den Aktionsplan tragen Sie nun Ihre Ergebnisse mit Datum ein.

Beispiel: Aktionsplan

Ziel: Inhaberin Friseursalon		**Zieltermin:** 2010	
Etappenziele	**einzelne Schritte**	**Beginn**	**Ende**
Voraussetzungen für Meisterprüfung klären	● Informationen bei Handwerkskammer einholen	1.10.07	4.10.07
	● Kosten der Ausbildung feststellen	5.10.07	8.10.07
	● Ausbildungsorte und -termine abklären	10.10.07	12.10.07
Freiräume für Ausbildung schaffen	● mit Chefin über Pläne sprechen und um verkürzte Arbeitszeiten bitten	13.10.07	21.10.07

	• um Putzfrau und Babysitter kümmern • Partner um Rückendeckung am Wochenende bitten • Familie, Freunde und Bekannte um Verständnis für Zeitknappheit bitten	21.10.07 20.10.07 23.10.07	21.11.07 23.11.07 15.11.07
Ausbildung absolvieren	• anmelden • Meisterschule besuchen • Prüfungen bestehen		

Übertragen Sie nun den unten stehenden Aktionsplan auf ein Blatt Papier und schreiben Sie Ihre Etappenziele, die dazugehörigen einzelnen Schritte und die Daten, von wann bis wann Sie die Schritte erreicht haben möchten, auf. Zusätzlich können Sie weitere Anmerkungen eintragen. Machen Sie sich auch immer eine Notiz, wenn Sie einen Schritt tatsächlich umgesetzt haben – das motiviert enorm!

Übung: Aktionsplan

Ziel:		Zieltermin:			
Etappenziele	einzelne Schritte	Beginn	Ende	erledigt am	Anmerkung
1.	______				
2.	______				
3.	______				
4.	______				

Infobox

Legen Sie auf alle Fälle Ihren Aktionsplan an, auch wenn er auf den ersten Blick Mühe bereitet. Er hilft Ihnen, zu kontrollieren, ob Sie die Etappenziele erreicht haben und ob Sie den gewünschten Zeitraum einhalten. Falls Sie für einzelne Schritte länger brauchen als geplant, können Sie sich darauf einstellen, weil Sie es mit dem Aktionsplan rechtzeitig merken.

Am besten, Sie tragen Ihre Schritte zusätzlich in einen elektronischen Terminkalender ein. So werden Sie automatisch jeden Morgen an die Aufgaben erinnert, die Sie noch zu erledigen haben, und können auf kleine Änderungen flexibel reagieren. Planen Sie die Zeit nicht zu knapp. In der Regel braucht man immer länger, als man anfangs denkt.

Infobox

Jokertage: Tragen Sie von Anfang an sogenannte Jokertage in Ihren Terminplan mit ein. An solchen Tagen sollten Sie Zeit haben, Aufgaben, mit denen Sie im Verzug sind, in Ruhe zu erledigen. Sie haben alles in der geplanten Zeit erledigt? Um so besser. Jetzt haben Sie sich eine Pause verdient! Gehen Sie shoppen, schwimmen oder spazieren und laden Sie dabei Ihre Akkus wieder auf.

Auf einen Blick

Jedes Gesamtziel setzt sich aus kleineren Etappenzielen zusammen. Im Maßnahmenplan stehen die einzelnen Schritte, die zu den Etappenzielen führen. Wer ein Ziel erreichen möchte, braucht einen Aktionsplan. Dort stehen zusätzlich genaue Zeitangaben mit Beginn und Ende. Zeitliche Überlappungen sind möglich, weil verschiedene Schritte zur gleichen Zeit ausgeübt werden können. Im Aktionsplan sollte genügend Reservezeit eingeplant werden, damit es nicht zur Demotivation kommt, wenn die angestrebten Etappenziele nicht im veranschlagten Zeitraum erledigt werden.

2.3 Ziele realisieren

Der Aktionsplan hilft Ihnen dabei, den Überblick über Ihre Ziele zu behalten, und dient der Selbstmotivation. Sie brauchen Ihre Ziele jetzt „nur" noch umzusetzen, doch das ist oft der schwierigste Schritt. Achten Sie darauf, dass Sie den Aktionsplan einhalten, doch seien Sie flexibel genug, ihn zu ändern, wenn Sie für bestimmte Aufgaben mehr Zeit benötigen, als Sie ursprünglich eingeplant haben. Lassen Sie sich nicht entmutigen, auch wenn Sie mit Hindernissen zu kämpfen haben.

Sorgen Sie dafür, dass Ihnen Ihre Familie möglichst viel Arbeit abnimmt. Dadurch erhalten Sie die Gelegenheit, sich nur auf Ihr großes Ziel zu konzentrieren, aber auch, sich hin und wieder eine Auszeit zu gönnen. Denn zwischendurch müssen Sie immer wieder neue Kräfte tanken. Machen Sie Spaziergänge, gehen Sie schwimmen, gönnen Sie sich einen Kinoabend oder ein neues modisches Accessoire. Kreative Tätigkeiten sind in schwierigen Phasen besonders empfehlenswert. Malen Sie ein Bild, fotografieren, schreiben oder musizieren Sie. Sie werden sehen, wie schöpferische Tätigkeiten Ihre Seele beflügeln und Ihnen helfen, sich danach wieder auf Ihr Ziel zu konzentrieren.

Verlieren Sie Ihr Ziel nie aus den Augen, auch wenn Ihnen der eine oder andere Schritt mühsam oder gar unnötig erscheint. Wenn Sie merken, dass zwei Ziele sich gegenseitig behindern, dann setzen Sie Prioritäten und arbeiten Sie erst das eine Ziel ab, bevor Sie sich dem nächsten zuwenden.

Infobox

Geben Sie dem Durchhänger keine Chance! Nehmen Sie in schwierigen Phasen Kontakt mit Personen auf, die ihr Ziel trotz aller Widerstände schon erreicht haben. Das macht Mut und schenkt neue Motivation.

Vergessen Sie nicht, Ihre bereits umgesetzten Schritte regelmäßig in den Aktionsplan einzutragen. So sehen Sie, was Sie bereits alles geschafft haben, und können stolz auf sich sein.

Auf einen Blick

Beim Realisieren der Ziele sollte man sich so genau wie möglich an den Aktionsplan halten. Ein Eintrag nach jedem erreichten Schritt wirkt sehr motivierend. In schwierigen Phasen helfen Auszeiten, neue Kräfte zu tanken und etwas Abstand zu bekommen. Auch ein Gespräch mit einer Person, die das von Ihnen angestrebte Ziel bereits erreicht hat, kann in solchen Zeiten unterstützen.

2.4 Chancen

Während Sie Ihre Ziele allein definieren, spielen bei den Chancen auch äußere Bedingungen eine starke Rolle. Sehen Sie es so: Bei einer Chance steht ein Fenster eine Zeit lang für Sie offen. Dann haben Sie die Möglichkeit, zuzugreifen oder eben nicht. Zögern Sie zu lange, geht das Fenster möglicherweise wieder zu und Sie ärgern sich über die vertane Chance. Manchmal hilft eine Chance, die von außen geboten wird, auch dabei, endlich ein Ziel zu realisieren, für das bislang der innere Antrieb fehlte.

Holger L. versäumte es beispielsweise, ein Semester im Ausland zu studieren, obwohl es ihn immer nach Spanien gezogen hatte. Seit vier Jahren lernt er in der Volkshochschule Spanisch und konnte sich bei seinem letzten Urlaub schon gut verständigen. Jetzt plant das Unternehmen, für das er tätig ist, eine Niederlassung in Barcelona zu eröffnen. Holger L. hat die Chance, als Projektleiter für einen zunächst auf zwei Jahre befristeten Zeitraum nach Spanien zu gehen.

Infobox

Nicht immer sind Chancen offensichtlich. Seien Sie in allen Bereichen Ihres Lebens offen für neue Gelegenheiten. Scheuen Sie sich nicht, nachzufragen, wenn Sie eine Chance wittern. Sie können nichts verlieren.

Krisen als Chancen

Versuchen Sie Krisen als Chancen wahrzunehmen. Ungewollte Veränderungen kommen häufig unerwartet und können die Betreffenden in schwere Krisen stürzen. Meistens ist man den Veränderungen ausgeliefert und hat keinen Einfluss auf sie. Zu ungewollten Veränderungen gehören beispielsweise die Kündigung von Unternehmensseite, eine Firmeninsolvenz oder der Zusammenschluss zweier Unternehmen.

Infobox

Jede schwierige Situation, die Sie erlebt haben, bringt Ihnen Erfahrung und Wissen für die Zukunft.

Im ersten Moment erscheinen die Veränderungen bedrohlich, sie lösen Ängste aus, machen wütend und unsicher. Lassen Sie sich Zeit, um sich auf die neue Situation einzustellen. Versuchen Sie nicht immer daran zu denken – Ihr Unbewusstes beschäftigt sich mit dem Problem schon genug.

Erst wenn etwas Zeit vergangen ist, können Sie – vielleicht mithilfe von Freunden oder Ihres Partners – die neue Situation analysieren. Setzen Sie Ihre Ressourcen in Gang, besinnen Sie sich Ihrer Stärken und sagen Sie sich – etwa im Falle einer Kündigung vonseiten des Arbeitgebers – „Jetzt erst recht!“. Wenn Sie die neue Situation akzeptiert haben, sind Sie bereit für neue Wege. Wer gekündigt wurde, wird sich in dieser Phase um eine neue Stelle bewerben und mit der Krise wachsen.

Es wäre falsch, aus jedem Rückschlag oder Missgeschick eine große Katastrophe zu machen. Sie sind vielleicht dieses Mal gescheitert, das bedeutet aber nicht, dass es beim nächsten Mal wieder nicht klappt oder dass es kein nächstes Mal gibt. Sie haben mehr als nur eine Chance: Bereiten Sie sich gut darauf vor!

Auf einen Blick

- ➜ Während Sie sich Ihre Ziele selbst setzen, sind Chancen von äußeren Bedingungen oder Veränderungen abhängig.
- ➜ Um diese wahrnehmen zu können, bedarf es einiger Kreativität und Aufmerksamkeit.
- ➜ Nachfragen kann ebenfalls hilfreich sein, wenn man keine Chance verpassen möchte.
- ➜ Krisen sollte man versuchen als Chancen zu nutzen, auch wenn dies auf den ersten Blick befremdlich erscheint.
- ➜ Wenn etwas Zeit verstrichen ist und die Situation mit Abstand und in Ruhe analysiert wurde, kann man Krisen oft in einen persönlichen Gewinn ummünzen.

3. Motivation

Im ersten Kapitel ging es darum, sich selbst einzuschätzen, die eigenen Stärken und Schwächen zu beurteilen sowie die Tätigkeiten, die Spaß und Frust auslösen, als auch die eigenen Kompetenzen. Das zweite Kapitel konzentrierte sich auf die Definition von Zielen sowie auf Maßnahmen, um diese Ziele zu erreichen. Um diese selbst gesetzten Ziele aber auch tatsächlich umzusetzen, ist Motivation unbedingt erforderlich. Deshalb möchten wir Ihnen im dritten Kapitel zunächst Faktoren nahebringen, die für das Erreichen von Zielen – also für Ihren persönlichen Erfolg – entscheidend sind. Sie lernen, wie Sie sich selbst motivieren können und wie Sie Durststrecken überstehen. Außerdem erfahren Sie, wie Sie Demotivatoren vermeiden können und welche Rolle Flow und Kreativität bei Ihrer persönlichen Motivation spielen.

3.1 Was macht Erfolg aus?

Wer festgelegte Ziele innerhalb eines bestimmten Zeitraums erreicht, ist erfolgreich. Aber die Erfahrung lehrt, dass Ziele nicht immer erfolgreich umgesetzt werden. Doch worin besteht nun der Unterschied zwischen Personen, die ihre Ziele erreichen, und Personen, bei denen es bei Plänen und Vorhaben bleibt? Sicher haben auch

Sie Menschen in Ihrem Bekanntenkreis, die beispielsweise seit Jahren von einer genialen Geschäftsidee erzählen, die sie aber nie verwirklichen. Andere wollen seit ihrer Jugend ein Buch schreiben, haben aber bis heute nicht damit angefangen. Oft hat es mit der richtigen Einstellung, Herangehensweise und Motivation zu tun. Im Folgenden haben wir diesbezügliche Faktoren für Sie zusammengestellt, die erfolgreiche Menschen auszeichnen.

Weitblick

Wer Erfolg hat, weiß genau, wann es sich lohnt, in ein Projekt viel Zeit zu investieren, und wann nicht. Der Grafikdesigner Jörg H. arbeitet drei Stunden an einem Internetentwurf für den lokalen Malermeister. An zwei weiteren Tagen hätte er den Vorschlag optimieren können. Aber da er einerseits nicht weiß, ob er den Auftrag erhält, und sich andererseits darüber bewusst ist, dass die finanziellen Ressourcen des Malers beschränkt sind, sieht er davon ab. Eine Woche später beauftragt ihn ein internationales Unternehmen damit, einen Relaunch für seine Website zu entwerfen. Jörg H. arbeitet mehrere Tage an dem Entwurf, den er anschließend den Geschäftsführern präsentiert. Er bekommt den Zuschlag. Neben einem lohnenden Auftrag erhält er eine gute Referenz. Jörg H. verfügt über den nötigen Weitblick und weiß genau, bei welchem Kunden es sich lohnt, mehr Zeit zu investieren, und bei welchem weniger.

Tipp: Finden Sie heraus, ob es sich lohnt, viel Zeit bei einem potenziellen Kunden oder Projekt anzulegen, bevor Sie mit der Arbeit beginnen.

Vertrauen in eigene Fähigkeiten

Wer Erfolg hat, weiß, was er kann, und vertraut seinen Fähigkeiten, Talenten und Ressourcen. Er übt seine Aufgaben mit Herzblut aus und lässt sich dementsprechend nicht auf Arbeiten ein, die ihm keinen Spaß machen und ihn nicht ausfüllen.

Tipp: Halten Sie sich immer wieder Ihre besonderen Fähigkeiten vor Augen: Was können Sie am besten? Wofür werden Sie am häufigsten gelobt? Auf welchen Gebieten haben Sie erfolgreiche Projekte abgelegt? Orientieren Sie sich besser neu, wenn Sie sich in einer beruflichen Sackgasse sehen und das Gefühl haben, dass Ihre Talente nicht anerkannt werden.

Tatkraft

Statt jahrelang von Plänen und Vorhaben zu sprechen, ohne diese in die Tat umzusetzen, gehen erfolgreiche Menschen ihre Ziele tatkräftig an. Sie sind mutig genug, sich auf Veränderungen einzulassen.

Tipp: Halten Sie sich beim Realisieren Ihrer Ziele an Ihren Aktionsplan. Überlegen Sie sich vorher, was eine Veränderung für Sie bedeutet und wo eventuell verborgene Ängste liegen. Versuchen Sie Ihre Ängste zu analysieren.

Erfolgsorientierung
Wer Erfolg hat, verliert sein Ziel nicht aus den Augen. Bei jeder Tätigkeit weiß er, welches Ergebnis er erreichen will, und kann einschätzen, welcher Aufwand sich für welche Arbeit lohnt. Ein freiberuflicher Texter, der am meisten Spaß daran hat, knackige Headlines zu texten, sollte dabei das Ziel – etwa eine komplette Werbekampagne für verschiedene Medien – nicht aus dem Blick verlieren. So kann er verhindern, dass er sich stunden- und tagelang in Überschriften verzettelt.
Tipp: Halten Sie sich immer wieder Ihr Gesamtziel vor Augen und verlieren Sie sich nicht allzu sehr in Einzelschritten, für die Sie eventuell weder bezahlt noch gelobt werden. Führen Sie eine Sache auch dann konsequent zu Ende, wenn Schwierigkeiten auftreten sollten, und freuen Sie sich auf das Gesamtergebnis. Setzen Sie Prioritäten.

Eigeninitiative
Wer erfolgreich ist, engagiert sich auf verschiedenen Ebenen. Er geht proaktiv auf Vorgesetzte zu, fordert mehr Geld, eine Weiterbildung oder spannende Projekte. Er weiß, was er will, und zögert nicht, sich zu Wort zu melden, um seine Forderungen durchzusetzen.
Tipp: Warten Sie nicht, bis Ihr Vorgesetzter an Sie herantritt. Gehen Sie selbst auf ihn zu und sagen Sie ihm, für welche Fortbildung Sie sich interessieren und inwiefern diese dem Unternehmen nützt.

Eigenverantwortung

Wer seine Ziele erreichen möchte, muss eigenverantwortlich handeln und selbst Entscheidungen fällen können. Binden Sie sich nicht übermäßig an bestimmte Entscheidungsträger, sondern bleiben Sie so unabhängig wie möglich. So war es zwar früher üblich, sein ganzes Leben einem Arbeitgeber treu zu bleiben, doch heute wechseln auch Führungskräfte öfter die Stellen. Deshalb sollten Sie sich nicht an eine Person binden, die im Zweifelsfalle eines Tages nicht mehr da sein wird und Ihrem Nachfolger vielleicht nichts von Versprechungen oder Vereinbarungen gesagt hat.

Tipp: Machen Sie sich möglichst unabhängig von Ihrem Chef, sonst stehen Sie unter Umständen mit leeren Händen da, wenn Ihr Vorgesetzter die Firma verlässt. Suchen Sie sich besser einen Mentor, mit dem Sie alle Fragen bezüglich Ihrer Arbeit besprechen können.

Infobox

Der erfolgszuversichtliche Mensch führt bei einer erfolgreich abgeschlossenen Tätigkeit die Gründe dafür auf sich selbst und seine Fähigkeiten zurück, Misserfolge dagegen auf Pech und mangelnde Anstrengung. Ein erfolgsvermeidender Mensch führt bei Erfolg die Gründe auf äußere Umstände wie Glück zurück, bei Misserfolg auf sich selbst und seine mangelnde Kompetenz. Überlegen Sie, ob Sie sich eher zu den erfolgszuversichtlichen oder erfolgsvermeidenden Menschen zählen.

Selbstmitleid

Selbstmitleid kommt im Berufsleben nicht gut an. Verzichten Sie darauf, sich vor anderen zu bedauern. Selbstverständlich können Sie sich nach einer Niederlage für einen kurzen Zeitraum zurückziehen, aber dann sollten Sie mit neuer Energie durchstarten.

Tipp: Überlegen Sie nach einem Fehlschlag, ob nicht vielleicht doch Sie selbst etwas falsch gemacht haben, statt die Schuld bei anderen zu suchen. Freuen Sie sich über das, was Sie schon erreicht haben.

Kritikfähigkeit

Wer Erfolg hat, kann zwischen berechtigter und unberechtigter sowie konstruktiver und destruktiver Kritik unterscheiden. Er verzichtet auf Rechtfertigungen und holt nicht gleich zum Gegenschlag aus.

Tipp: Sie müssen sich nicht sofort äußern, wenn Sie kritisiert werden. Lassen Sie die Kritik auf sich wirken. Nehmen Sie von berechtigter und konstruktiver Kritik nur das an, was Sie weiterbringt. Unberechtigte, unsachliche oder destruktive Kritik müssen Sie nicht annehmen.

Wissen über eigene Grenzen

Erfolgreiche Personen kennen ihre Grenzen. Sie wissen, wann sie sich mit einer neuen Aufgabe zu viel zumuten würden, und scheuen sich auch nicht, einmal Nein zu sagen. Sie merken auch genau, wann ihre Energiereserven ausgeschöpft sind.

Tipp: Lehnen Sie Aufgaben oder Projekte ab, für die Sie keine Kapazität mehr haben. Von einem missglückten Projekt oder einem überarbeiteten Angestellten hat niemand etwas. Gönnen Sie sich ein paar Urlaubstage, wenn Sie am Ende Ihrer Kräfte sind.

Selbstvertrauen

Erfolgreiche Menschen glauben an sich und strahlen das aus. Sie sind optimistisch und wirken zuversichtlich. Menschen mit gut ausgeprägtem Selbstvertrauen haben es nicht nötig, sich mit anderen zu vergleichen. Sie kennen ihre individuellen Stärken.

Tipp: Schätzen Sie Ihre Fähigkeiten nicht zu hoch, aber realistisch ein. Halten Sie sich Ihre Erfolge vor Augen, nicht die Niederlagen.

Kreativität

Erfolg geht häufig mit Kreativität einher. Mit Kreativität ist hier nicht nur die schöpferische Tätigkeit gemeint, sondern auch die Fähigkeit, Chancen zu wittern und zu erkennen sowie Probleme kreativ anzugehen.

Tipp: Gehen Sie neue Wege, erweitern Sie Ihren Horizont, betrachten Sie Probleme aus anderen Perspektiven. So können Sie kreativ eigene Ideen entwickeln.

Überzeugung

Erfolgreiche Personen handeln aus Überzeugung, Interesse an der Aufgabe und weil sie Freude daran haben, neue Herausforderungen anzunehmen. Beweggründe wie Geld, Ansehen oder Macht spielen nur eine unbedeutende Rolle.

Tipp: Suchen Sie sich unbedingt eine Arbeit, die Sie aus innerem Antrieb machen. Tätigkeiten, die Sie allein wegen des Geldes, der Macht oder der Karriere ausüben, sollten Sie möglichst ganz vermeiden oder nur für kurze Zeit ausüben.

Auf einen Blick

Um erfolgreich seine selbst gesetzten Ziele zu erreichen, muss man über die folgenden Fähigkeiten verfügen: Weitblick, Vertrauen in eigenes Können, Tatkraft, Erfolgsorientierung, Eigeninitiative, Eigenverantwortung, Kritikfähigkeit, Wissen über Grenzen, Selbstvertrauen, Kreativität und Überzeugung. Erfolgreiche lehnen Selbstmitleid ab.

3.2 Motivation

Jeder Mensch hat ein unterschiedlich starkes Leistungsbedürfnis. In welcher Form Leistungen vollbracht werden, hängt von verschiedenen Faktoren ab. Grundlegend ist dabei, wie man sich selbst und seine Fähigkeiten einschätzt – also das im ersten Kapitel besprochene Selbstwertgefühl. Darüber hinaus haben aber auch die Beurteilung der gegebenen Situation und die Bewertung des angestrebten Ziels eine große Bedeutung.

Der arbeitslose Journalist Peter N. macht beispielsweise eine Weiterbildung zum Fachzeitschriftenredakteur. Seine Motivation, sich für die Ausbildung zu engagieren, hängt natürlich zunächst einmal davon ab, wie er seine individuellen Fähigkeiten bewertet, sich den Lernstoff anzueignen. Darüber hinaus besteht aber auch die Frage, welchen Stellenwert das Bestehen bzw. das gute Abschneiden der Fortbildung für ihn hat. Wenn davon abhängt, ob Peter N. wieder eine Stelle bekommt, hat das gute Bestehen für ihn einen hohen Stellenwert. Seine Motivation dürfte dann dementsprechend hoch sein. Wenn aber die Aussichten, nach der Fortbildung einen Job zu finden, genauso schlecht sind wie ohne die Weiterbildung und Peter N. die Fortbildung machen muss, um weiter Arbeitslosengeld zu erhalten, wird er entsprechend wenig motiviert sein.

Infobox

Wie hoch jemand motiviert ist, eine Aufgabe auszuführen, hängt auch davon ab, wie er das zu erreichende Ziel bewertet und welche Konsequenzen es mit sich bringt.

In der Motivationstheorie wird zwischen intrinsischer und extrinsischer Motivation unterschieden. Intrinsische

Motivation geschieht auf der Grundlage von Faktoren, die aus dem Menschen selbst kommen. Jeder Mensch hat unterschiedliche Wertvorstellungen und richtet sein Handeln danach aus. Wer intrinsisch motiviert ist, schätzt die Verantwortung, die eine Tätigkeit mit sich bringt, die Entscheidungsfreiheit oder einfach die interessante Arbeit. Extrinsische Motivation entsteht auf der Basis äußerer Faktoren. Dazu gehören materielle Anreize wie z. B. ein Bonus oder eine Gehaltserhöhung, aber auch Anreize hinsichtlich des Status wie z. B. ein Geschäftswagen oder eine Beförderung. Die intrinsische Motivation gilt als dauerhafter als die extrinsische.

Infobox

Es gibt zwei Arten von Motivation, die intrinsische und die extrinsische. Die intrinsische Motivation entsteht aus eigenem Antrieb (z. B. aus Interesse an der Sache), die extrinsische Motivation entsteht aufgrund äußerer Antriebe (z. B. materielle Anreize).

Wenn beispielsweise ein Betriebswirt eine Weiterbildung in Personalwirtschaft macht, wäre eine mögliche intrinsische Motivation das Interesse am Unterrichtsstoff, da der Betriebswirt seine beruflichen Kenntnisse ausbauen und weiterentwickeln will. Außerdem verspricht er sich nach Abschluss eventuell eine verantwortungsvollere Stelle. Eine mögliche extrinsische Motivation wäre, wenn der Betriebswirt die Weiterbildung nur deshalb absolviert, um anschließend mehr Gehalt zu bekommen.

Halten Sie sich noch einmal Ihr Ziel vor Augen und denken Sie über Ihre persönliche Motivation nach. Sehen Sie eher intrinsische oder extrinsische Motive bei der Verfolgung Ihres Ziels?

Bestimmt haben Sie bei sich schon beobachtet, dass Ihre Motivation nicht immer gleich bleibend ist. Manchmal sind Sie hoch motiviert, dann wieder haben Sie einen Durchhänger. Diese Höhen und Tiefen, die uns beim Verfolgen eines Ziels begleiten, sind ganz normal. Dennoch kann eine Situationsanalyse helfen, herauszufinden, was für Sie persönlich motivierend und was demotivierend wirkt. Dadurch können Sie sich in Zukunft besser auf Ihre individuellen Bedürfnisse und Wünsche einstellen. Untersuchen Sie eine Situation immer dann, wenn Sie entweder hoch motiviert oder völlig unmotiviert sind, und suchen Sie nach den Gründen. Sind Sie hoch motiviert, weil Sie am Vortag Ihren Urlaub buchten? Ist Ihre Kollegin vereist und können Sie deshalb in Ruhe an Ihrer Präsentation weiterarbeiten? Oder arbeiten Sie an einem anderen Ort?

Wenn Sie in einer Situation überhaupt nicht motiviert sind, überlegen Sie, ob Sie z. B. häufig unterbrochen werden, ob Sie private Probleme haben, Lärm Sie von der Arbeit abhält oder der Computer ständig abstürzt.

Infobox

Eine Situationsanalyse kann Ihnen dabei helfen, herauszufinden, unter welchen Umständen Sie gut und motiviert arbeiten können und unter welchen nicht. Richten Sie Ihren Arbeitstag möglichst dementsprechend aus. Wenn Sie z. B. herausgefunden haben, dass Sie sich immer wieder ablenken lassen, schalten Sie bei einer Tätigkeit, die viel Konzentration erfordert, den Anrufbeantworter an. Hängen Sie ein „Bitte nicht stören"-Schild an die Tür. Lassen Sie sich Ihre E-Mails nicht automatisch zustellen, sondern schauen Sie nur ein Mal pro Stunde nach der elektronischen Post.

Motivation im Alltag

Mit den folgenden Tipps können Sie kleine und größere Durststrecken im Alltag überwinden und sich immer wieder neu motivieren.

- **Feiern Sie Ihre Erfolge:** Lassen Sie andere an Ihrem Erfolg teilhaben, das motiviert zusätzlich. Kleine Erfolge feiern Sie im kleinen (privaten) Kreis, bei großen Erfolgen, wie dem ersten eigenen Friseursalon, können Sie ruhig etwas dicker auftragen und die neuen Mitarbeiter, potenzielle Kunden und Partnerfirmen sowie Freunde einladen.

- **Sorgen Sie für Abwechslung:** Wenden Sie sich nach einer theoretischen Aufgabe einer praktischen zu. Suchen Sie wieder den Kontakt zu Kollegen, nachdem Sie eine Arbeit abgeschlossen haben, die Sie allein am Computer bearbeiten mussten. Wechseln Sie trockene Tätigkeiten mit kreativen ab.
- **Belohnen Sie sich:** Während eines anstrengenden Arbeitstags beflügelt die Aussicht auf ein entspannendes Vollbad. Nach einer mühevollen Arbeitswoche können Sie sich auf ein erholsames Wochenende freuen, an dem Sie essen oder ins Kino gehen können. Und nach einem erfolgreich abgeschlossenen Projekt können Sie sich einen Urlaub gönnen.
- **Machen Sie Pausen:** Auf Dauer kann niemand konzentriert und leistungsstark arbeiten. Machen Sie regelmäßig Pausen, spätestens alle zwei Stunden für fünf bis zehn Minuten. Gehen Sie möglichst an die frische Luft. Essen Sie einen kohlehydratreichen Snack.
- **Kommunizieren Sie mit Erfolgsmenschen:** Suchen Sie den Kontakt zu Personen, die ihr angestrebtes Ziel schon erreicht haben. Adressen bekommen Sie von Handwerkskammern, Berufsverbänden etc.
- **Gehen Sie neue Wege:** Wenn Sie einmal feststecken, versuchen Sie sich dem Problem von einer ganz anderen Perspektive zu nähern. Tauschen Sie sich mit Außenstehenden aus, die die Sache objektiver beurteilen können.

- **Haben Sie Mut zu Veränderungen:** Versuchen Sie, wenn gar nichts mehr geht, die Ursachen dafür herauszufinden, und scheuen Sie sich nicht, etwas ganz Neues zu beginnen. Ein Wohnungswechsel, ein neuer Job, eine längere Reise wirken oft enorm motivierend.
- **Auf Erfolge konzentrieren:** Halten Sie sich immer wieder vor Augen, was Sie bereits geleistet haben. Vergessen Sie Ihre Niederlagen!

Auf einen Blick

Die Motivation, gesetzte Ziele zu erreichen, hängt zum großen Teil davon ab, wie das Ziel individuell bewertet wird und welche Konsequenzen das Erreichen des Ziels für die Person hat. Intrinsische Motivation entsteht aus jedem Menschen selbst heraus, wie z. B. aus dem Interesse an einer Aufgabe. Extrinsische Motivation entsteht auf der Basis äußerer Faktoren, wie z. B. finanziellen Anreizen. Analysieren Sie Ihre Hochs und Tiefs in puncto Motivation und bewahren Sie sich Ihre Motivation im Alltag.

3.3 Motive

Unter Motiven versteht man Eigenschaften oder Dispositionen, die die gesamte Persönlichkeit betreffen. Sie beschreiben, wie wichtig es einer Person ist, eine bestimmte Art von Zielen zu erreichen. Motive unterscheiden sich insofern von Motivationen, als dass Letztere veränderliche Handlungsbereitschaften beschreiben, die zu einem spezifischen Zeitpunkt definiert sind. Motive beeinflussen das Erleben und Verhalten eines Menschen. Wer z. B. ein starkes Machtmotiv hat, ist von dem Bestreben geleitet, andere Menschen zu dominieren.

Es gibt drei unterschiedliche Motivklassen: das Anschlussmotiv, das Machtmotiv und das Leistungsmotiv.

Unter **Anschlussmotiv** versteht man das Bedürfnis, mit anderen Menschen in Kontakt zu treten, Freundschaften und Beziehungen einzugehen und dazuzugehören. Wer überwiegend anschlussorientiert ist, ist gerne mit anderen Menschen zusammen, öffnet sich leicht und möchte anderen gerecht werden.

Wer ein **Machtmotiv** in sich trägt, beeinflusst gerne andere, dominiert und kontrolliert sie. Machtmotivierte Menschen reagieren häufiger impulsiv, haben öfter Auseinandersetzungen mit anderen und legen Wert auf Prestigeobjekte.

Leistungsmotivierte setzen sich selbst hohe Leistungsmaßstäbe, denen sie gerecht werden wollen. Wer überwiegend leistungsmotiviert ist, orientiert sich an der Zukunft, sieht Zeit als Geld an und sucht sich, wenn er die Wahl hat, Aufgaben mittleren Schwierigkeitsgrades aus.

Denken Sie darüber nach, welches Motiv bei Ihnen überwiegt: das Anschluss-, Macht- oder das Leistungsmotiv. Überlegen Sie, ob es in Einklang mit Ihren Zielen steht.

Auf einen Blick

Motive sind von Motivationen zu unterscheiden. Motive kennzeichnen, wie wichtig es für jemanden ist, ein bestimmtes Ziel zu erreichen. Es gibt drei Motivklassen: das Anschlussmotiv, das Machtmotiv und das Leistungsmotiv.

3.4 Motivatoren und Demotivatoren

Wie stark wir motiviert sind, hängt unter anderem davon ab, welchen Einfluss Motivatoren und Demotivatoren auf uns haben. Während Motivatoren uns darin bestärken, unser Ziel weiterzuverfolgen, halten uns Demotivatoren davon ab.

Um Ihre berufliche Situation optimal zu gestalten, sollten Sie wissen, welches Ihre Motivatoren und welches Ihre Demotivatoren sind.

Infobox

Motivatoren sind Faktoren, die bei einer konkreten Tätigkeit anspornen und so zu Zufriedenheit führen. Demotivatoren sind Faktoren, die bei einer bestimmten Arbeit bremsend wirken und deshalb zu Unzufriedenheit führen. Motivatoren und Demotivatoren können zeitgleich vorhanden sein und sich dabei auf verschiedene Dinge beziehen.

Beispiele für Motivatoren	Beispiele für Demotivatoren
• Abwechslung • Anerkennung • Herausforderung • Entwicklung • Leistungserleben • Verantwortung	• negative Unternehmenskultur • niedriges Gehalt • schlechte Arbeitsbedingungen (Mobbing, Überstunden, Kontrolle) • ungünstige Beziehungen zu Vorgesetzten, Kollegen und Mitarbeitern

Weil Motivatoren und Demotivatoren häufig zusammen auftreten, ist es möglich, auch bei einer eher demotivierenden Ausgangslage an den motivierenden Faktoren zu arbeiten und somit die Zufriedenheit zu steigern. Im Idealfall sollten zunächst die Demotivatoren ausgeschaltet (oder zumindest geschwächt) werden, bevor die motivierenden Faktoren gefördert werden. Positiv wirken sich auch Motivatoren aus, die so stark sind, dass sie die Demotivatoren schwächen können.

Übung: Schreiben Sie die Motivatoren und die Demotivatoren auf, die sich auf Ihr Ziel beziehen. Überlegen Sie sich, wie Sie die Motivatoren stärken und die Demotivatoren schwächen können.

Auf einen Blick

Motivatoren führen bei einer spezifischen Tätigkeit zu Zufriedenheit, Demotivatoren zu Unzufriedenheit. Motivatoren und Demotivatoren können gemeinsam vorhanden sein und sich auf verschiedene Faktoren beziehen. Motivatoren sollten gestärkt, Demotivatoren geschwächt werden.

3.5 Kreativität

Unter Kreativität versteht man die Fähigkeit, schöpferisch zu denken und zu handeln. Dabei werden neue Ideen entwickelt, ungewöhnliche Wege begangen und Innovationen hervorgebracht. Wer über kreatives Potenzial verfügt, ist in der Lage, Neues zu entdecken und zu entwickeln. Beim Realisieren Ihrer Ziele spielt Kreativität eine große Rolle. Sie kann helfen, eingefahrene Denkmuster zu verlassen, wenn man sich in einer Sackgasse befindet, und unterstützt Sie dabei, neue, bis dahin unbekannte Wege zu gehen. Kreativität ist ein Kennzeichen erfolgreicher Menschen. Wer die Fähigkeit zum kreativen Denken hat, ist außerdem meistens höher motiviert.

Infobox

Kreative Menschen besitzen eine Vielzahl an Eigenschaften und Fähigkeiten, die sie zum Erreichen ihrer Ziele einsetzen.

Wer kreatives Potenzial besitzt, verfügt über einen Teil der folgenden Faktoren:

- Flexibilität
- Selbstbewusstsein
- Konzentrationsfähigkeit
- Disziplin
- Spielerisches Denken
- Originalität
- Neugier
- Visionen
- Offenheit
- Lernbereitschaft
- Fantasie
- Mut

- Aufgeschlossenheit für Neues
- Ehrgeiz
- Leidenschaft
- Bereitschaft, andere Wege zu gehen
- Zugang zu Gefühlen

Bei der Vielzahl an Attributen wird deutlich, dass Kreativität keine naturgegebene Begabung ist, über die nur wenige künstlerische Ausnahmegenies verfügen, sondern dass Kreativität auch das Ergebnis von Lernerfahrungen ist. Voraussetzung für kreatives Arbeiten ist eine Balance zwischen Routine und Neuem sowie zwischen Grenzen und Freiheit.

Wenn Sie Ihre Kreativität steigern möchten, folgen Sie Ihrem Gefühl. Wenn Sie sich für etwas interessieren, verfolgen Sie die Sache weiter. Staunen Sie über große und kleine Dinge im Alltag und im Berufsleben. Setzen Sie sich jeden Morgen vor dem Aufstehen ein kleines Ziel, das Sie erreichen möchten. Versuchen Sie andere Blickwinkel einzunehmen und fördern Sie Ihre weniger entwickelten Seiten.

Infobox

Kreativitätstechniken können helfen, Probleme zu lösen. Nutzen Sie beispielsweise folgende Techniken der Ideenfindung: Brainstorming, kreatives Schreiben, Mindmapping oder Clustering.

Auf einen Blick

Kreativität ist die Fähigkeit, schöpferisch zu denken und zu handeln, innovativ zu sein, neue Wege zu gehen und ungewöhnliche Positionen einzunehmen. Kreativität wirkt motivierend und kann aus Sackgassen heraushelfen. Kreativität ist nicht ausschließlich genetisch bedingt, sondern auch das Ergebnis von Lernerfahrungen.

3.6 Flow

Wer beim Ausüben einer Tätigkeit den sogenannten Flow (flow, englisch: fließen, rinnen, strömen) erlebt, geht völlig in seiner Arbeit auf, ist ganz darauf konzentriert, vergisst Raum und Zeit und erlebt dabei Glücksgefühle. Flow-Gefühle wurden zunächst in der Freizeit entdeckt, beim Bergsteigen oder Surfen, beim Motorradfahren und Skilaufen. Aber auch im Alltag und im Berufsleben sind Flow-Erfahrungen möglich. Weil diese

Infobox

Unter einem Flow versteht man ein In-sich-versunken-Sein, bei dem man den Rest der Welt vergisst und Freude verspürt. Flow schenkt Kraft, Energie, Leidenschaft, Durchhaltevermögen und Disziplin.

Gefühle enorm motivierend sind, sollten Sie versuchen, beim Verfolgen Ihrer Ziele Flow zu erleben.

Das Erleben eines Flows wird durch positives Feedback und Erfolge begünstigt. Wer die Möglichkeit hat, konzentriert und in Ruhe an einer Sache zu arbeiten, wird eher einen Flow erleben als jemand, der ständig abgelenkt ist. Menschen, die an sich glauben, spüren einen Flow häufiger als notorische Zweifler. Beim einzigartigen Erlebnis des Flows macht das Handeln allein um des Handelns willen glücklich. Mehr braucht es nicht.

Wenn Ihre Kompetenzen den Anforderungen optimal entsprechen, haben Sie die besten Chancen, einen Flow zu erleben. Wer unterfordert ist, langweilt sich schnell, wer überfordert ist, bekommt häufig Angstgefühle. Die goldene Mitte muss gefunden werden.

Voraussetzung für das Erleben eines Flows ist, dass die Tätigkeiten in Einklang mit Ihren Zielen stehen und dass die Aufgaben intrinsisch motiviert sind. Es gibt kein Patentrezept, wie man zum Flow kommen kann. Förderlich sind kompetente Begleiter, im besten Fall in Form eines Mentors/einer Mentorin, sowie die Fähigkeit, sich auch über die kleinsten Fortschritte zu freuen. Hilfreich sind auch die Gabe, mit Rückschlägen umgehen zu können, und die Eigenschaft, nie das angestrebte Ziel aus den Augen zu verlieren.

Viele berufliche und private Aktivitäten können einen Flow erzeugen. Folgende Merkmale haben sie gemeinsam:

- Ihr Fühlen, Wollen und Denken sind in Übereinstimmung.
- Sie fühlen sich der Aktivität gewachsen.
- Sie sind fähig, sich auf Ihr Tun zu konzentrieren.
- Ihre Aktivität verfolgt klare Ziele.
- Ihre Aktivität bekommt eine unmittelbare Rückmeldung.
- Sie haben das Gefühl, Ihre Aktivität zu kontrollieren.
- Ihre Sorgen um sich selbst verschwinden.
- Sie haben das Gefühl, dass die Zeit schneller vergeht.

Auf einen Blick

- ➜ Wer einen Flow erlebt, geht in einer Tätigkeit ganz auf und vergisst dabei Raum und Zeit.
- ➜ Ein Flow ruft Glücksgefühle hervor und wirkt sehr motivierend.
- ➜ Die Chancen, einen Flow zu erleben, stehen am besten, wenn die individuellen Anlagen und Fähigkeiten genau auf die Ziele abgestimmt sind.

4. Kommunikation und effektive Zusammenarbeit

Sie wissen nun, wo Sie stehen, welches Ihre Ziele sind und wie Sie sich motivieren können. Doch beim Selbstmanagement geht es auch um die Zusammenarbeit mit anderen. Wichtiger Bestandteil dabei ist die Kommunikation. Selbst bei Tätigkeiten, die allein ausgeübt werden können, wie etwa dem Programmieren, ist Kommunikation mit anderen notwendig. Das können beispielsweise Kunden, Partner, Vorgesetzte, Mitarbeiter, Kollegen und Lieferanten sein. Auch wenn Sie als freiberufliche Übersetzerin tätig sind, müssen Sie kommunizieren. Sie brauchen neue Aufträge, müssen sich Feedback einholen und Arbeitsabläufe besprechen.

Wenn Sie angestellt sind, sind für Sie die Kommunikation und Zusammenarbeit mit anderen noch wichtiger. Kaum eine Woche wird ohne ein Meeting ablaufen, vermutlich kein einziger Tag ohne Gespräche mit Kollegen, Vorgesetzten oder Mitarbeitern. Deshalb erfahren Sie in diesem Kapitel, wie Sie die Zusammenarbeit am effektivsten gestalten. Zunächst lesen Sie, wie Sie sich selbst am besten darstellen. Danach lernen Sie die vielen Aspekte der Kommunikation kennen. Schließlich erfahren Sie, wie Sie Kritik üben und annehmen und wie Sie mit Konflikten umgehen.

4.1 Selbstdarstellung

Wie stellen Sie sich dar? Stellen Sie Ihr Licht lieber unter den Scheffel und hoffen, dass Ihr Chef irgendwann von allein merkt, wie genial Sie sind? Oder haben Sie keine Hemmungen, anderen zu berichten, wenn Sie ein Projekt erfolgreich abgeschlossen haben? In diesem Unterkapitel erfahren Sie, warum Ihre persönliche PR für Ihr berufliches Fortkommen so wichtig ist und warum Sie lange warten können, bis ein Vorgesetzter selbst merkt, wie hoch Ihr Nutzen für das Unternehmen ist.

Eigen-PR: Tue Gutes und rede darüber

Lange Zeit war es verpönt, über eigene Erfolge zu reden. Wer andere an seinen guten Arbeitsergebnissen teilhaben ließ, indem er freimütig davon erzählte, galt als Profilneurotiker. Eigenlob hatte einen schlechten Beigeschmack, da man dachte, dass die sich lobende Person es nötig hätte. Bescheidenheit war angesagt. Wer gut war, so glaubte man, würde schon bald vom Vorgesetzten dafür belohnt werden. Doch diese Rechnung geht heutzutage nicht mehr auf. Viele Positionen im Unternehmen sind nicht mehr wie früher auf lange Zeiträume angelegt. Stattdessen ist Flexibilität gefragt. Dadurch sind die Bindungen zwischen Vorgesetzten und Mitarbeitern entsprechend fragiler geworden. Der neue Chef weiß eventuell nichts von Ihren Erfolgen in der Vergangenheit. Deshalb: Tun Sie Gutes und reden Sie darüber!

Infobox

Falsche Zurückhaltung ist im Beruf fehl am Platz. Scheuen Sie nicht davor zurück, über Ihr erfolgreich abgeschlossenes Projekt, neu gewonnene Kunden oder eine gelungene Präsentation zu reden. Wer immer wieder auf sich aufmerksam macht, hat die besten Chancen, nicht übergangen zu werden.

Früher hatten Vorgesetzte meistens mehr Zeit, um sich mit den Zielen und Kompetenzen ihrer Mitarbeiter zu befassen und sie gezielt zu fördern. In der heutigen Zeit, die von Leistungsdruck geprägt ist, denken die meisten Chefs zunächst an sich selbst und an die Aufgaben, die sie zu erledigen haben. Da bleibt wenig Zeit, um sich um die berufliche Weiterentwicklung der Mitarbeiter zu kümmern. Deshalb sollten Sie immer wieder ins gleiche Horn blasen und Ihren Chef wissen lassen, wie gut Sie sind und welchen Wert Sie für das Unternehmen haben – natürlich ohne dabei zu dick aufzutragen oder unsachlich zu werden. Sagen Sie ihm, dass der Lieferant Müller so gerne mit Ihnen zusammenarbeitet, weil er Ihre Kooperation schätzt. Machen Sie darauf aufmerksam, dass der Vortrag zur neuen Preisgestaltung, den Sie letzte Woche hielten, ein großer Erfolg war und Sie viel positives Feedback dafür erhalten haben. Lassen Sie ihn wissen, dass Sie für einen Journalistenpreis nominiert sind.

Am elegantesten ist es natürlich, wenn Ihr Vorgesetzter von anderen Menschen erfährt, dass Sie gut sind. Das wirkt noch glaubhafter. Doch wenn die Kommunikation auf diesem Wege nicht zustande kommt, sollten Sie sich vor falscher Bescheidenheit hüten und langfristig denken. Denn nur wenn Ihr Vorgesetzter Ihren Wert für das Unternehmen kennt, wird er Sie individuell fördern, Sie für besondere Projekte vorschlagen, bei Gehaltserhöhungen an Sie denken oder Sie in die engere Auswahl für die Stelle eines neuen Abteilungsleiters nehmen.

Eigen-PR ist für alle Berufstätigen wichtig, doch bei Freiberuflern spielt sie eine besonders große Rolle. Wer freiberuflich tätig ist, muss sich um jeden Auftrag wieder neu bemühen und ist außerdem seine eigene PR-Abteilung. Holen Sie sich deshalb nach jedem Projekt eine Rückmeldung ein. Ein Feedback gibt Ihnen die Chance, sich immer wieder zu verbessern.

Infobox

Für Selbstständige gilt: Wenn Sie gut arbeiten und deshalb einen guten Ruf haben, spricht sich das schnell herum und Sie bekommen Folgeprojekte.

Haben Sie noch Hemmungen, über Ihre guten Leistungen zu sprechen? Dann sehen Sie sich Menschen an, die die Karriereleiter schon bis weit nach oben erklommen haben. Sie werden merken, dass sich die meisten an den Spruch „Bescheidenheit ist eine Zier, doch weiter kommt man ohne ihr" gehalten haben. Beobachten Sie genau, wie Erfolgreiche aus Ihrer Branche, vielleicht sogar Ihre persönlichen Vorbilder, ihre Öffentlichkeitsarbeit organisieren. Übernehmen Sie die Teile für sich, mit denen Sie sich identifizieren können. Und lassen Sie die Finger von den Teilen, die nicht zu Ihnen passen, sonst wirken Sie unglaubwürdig. Halten Sie sich immer vor Augen, dass Sie der einzige Mensch sind, der die Verantwortung für Ihr berufliches Fortkommen trägt.

Infobox

Achten Sie darauf, dass Sie bei Ihrer PR-Strategie nie andere Personen abwerten, sonst wirft man Ihnen Neid und Konkurrenzdenken vor.

Regeln für Selbstmarketing

Um sich selbst erfolgreich vermarkten zu können, brauchen Sie ein gutes Selbstwertgefühl (siehe Kapitel 1.2) und etwas Mut. Einige Regeln helfen Ihnen dabei, Ihre Selbst-PR durchzuführen.

- **Wert festlegen**: Schauen Sie sich noch einmal die Aufzeichnungen an, die Sie in Kapitel 1 gemacht haben. Werfen Sie einen Blick auf Ihre Stärken und Schwächen, Ihre Spaß-Frust-Skala und Ihre Kompetenzen. Legen Sie nun Ihren individuellen „Marktwert" fest.

- **Ziele definieren**: Schreiben Sie auf, welches Ihr Gesamtziel ist, wie und wann Sie es erreichen wollen. Überlegen Sie genau, ob Sie Ihr Ziel bei Ihrem jetzigen Arbeitgeber erlangen können. Wenn nicht, ziehen Sie einen Stellenwechsel in Erwägung. Achten Sie darauf, dass die Ziele nicht Ihren inneren Werten widersprechen oder auf Kosten von Gesundheit, Familie oder Ihrem privaten Budget gehen.
- **Markt sondieren**: Finden Sie heraus, wer Ihre Stärken, Kompetenzen, Qualifikationen und Talente braucht.
- **Bezugsgruppe kontaktieren**: Sprechen Sie die Zielgruppe direkt an und offerieren Sie Ihr Produkt bzw. Ihre Arbeitskraft.
- **Qualität bieten**: Bieten Sie nur erstklassige Ware oder Leistung an. Bleiben Sie auf dem aktuellen Stand. Lesen Sie Fachbücher und -zeitschriften, besuchen Sie Vorträge, gehen Sie zu Seminaren, qualifizieren Sie sich weiter und werden Sie Mitglied in Berufsverbänden, wo Sie in Kontakt mit Gleichgesinnten treten können.
- **Angemessenen Preis fordern**: Gute Leistung kostet etwas. Verkaufen Sie Ihre Ware oder Ihre Leistung oder Ihr Produkt nie unter Wert, denn viele denken, dass Billiges von schlechter Qualität ist. Seien Sie in den „Geiz-ist-geil-Zeiten" bei der Preisgestaltung aber auch nicht unverschämt.
- **Kontakte pflegen**: Bauen Sie sich ein Netzwerk auf und treten Sie mit Gleichgesinnten in Verbindung.

Zurückhaltung hat einen hohen Preis
Christiane T. ist eine ambitionierte Sachbearbeiterin bei einer Versicherungsgesellschaft. Sie ist fleißig, kreativ, vertritt bei Meetings selbstbewusst ihre Meinung, hat innovative Ideen und leistet hervorragende Arbeit. Als sie erfährt, dass die Teamchefin die Stelle wechselt und eine Nachfolgerin gesucht wird, stürzt sie sich noch mehr in die Arbeit. Sie macht Überstunden und übernimmt zu ihren beiden großen noch zwei kleine Projekte. Als ihr langjähriger Kollege Stefan A. zum Teamchef ernannt wird, verschlägt es ihr die Sprache. Erst nach ein paar Tagen ist sie in der Lage, sich mit Stefan A. auszutauschen. Sie erfährt, dass ihr Kollege gleich zum Vorgesetzten ging, als er von der Stellenbesetzung hörte. Er bekundete offen sein Interesse und zählte die Fähigkeiten auf, die ihn seiner Meinung nach als neuen Teamchef auszeichneten. Christiane T. dagegen arbei-

Infobox

Ihr Vorgesetzter ist kein Hellseher. Sprechen Sie mit ihm, wenn Sie befördert werden oder mehr Gehalt bekommen möchten. Seien Sie verhandlungsbereit und denken Sie an Spielräume. Überlegen Sie sich vor dem Gespräch die Gründe für die Beförderung oder Gehaltserhöhung und betonen Sie beim Gespräch Ihren persönlichen Wert für das Unternehmen. Wer schweigt, wird immer wieder übergangen.

tete still und fleißig vor sich hin und dachte, der Chef würde schon merken, dass sie die Idealbesetzung für die Teamchefin-Stelle sei, schließlich hatte sie noch zwei zusätzliche Projekte erfolgreich auf die Beine gestellt.

In dem Fall von Christiane T. wusste der Vorgesetzte nicht, dass seine Mitarbeiterin gerne die Stelle gehabt hätte. Er war mit ihrer Leistung zufrieden, ging aber davon aus, dass sie sich in der Rolle der Mitarbeiterin wohler fühlt als in der der Chefin. Schließlich hatte sie ihm nie von ihren ehrgeizigen Plänen berichtet.

Wer kein Selbstmarketing betreibt, bekommt seltener eine Gehaltserhöhung und bleibt im schlechtesten Fall jahrelang auf demselben Posten sitzen. Er wird keine Fortbildungen finanziert bekommen, Überstunden machen und durch die viele Arbeit vielleicht sogar gesundheitliche Probleme wie Depressionen, Schlafstörungen oder ein Burnout-Syndrom bekommen. Beruflicher Ärger kann sich bis zu einem ungesunden Ausmaß aufstauen. Hüten Sie sich deshalb vor falscher Bescheidenheit!

Auf einen Blick

Wer im Beruf erfolgreich sein möchte, muss für eine positive Selbstdarstellung sorgen, damit er nicht untergeht. Der Vorgesetzte sollte über geplante Karriereschritte Bescheid wissen. Regeln für die PR in eigener Sache sind:

- → Wert festlegen
- → Ziele definieren
- → Markt sondieren
- → Bezugsgruppe kontaktieren
- → Qualität bieten
- → angemessenen Preis fordern

4.2 Kommunikation

Kommunikation ist heutzutage ein wichtiger und unverzichtbarer Bestandteil im Privat- und Berufsleben. Sobald zwei Menschen aufeinandertreffen, kommunizieren sie miteinander. „Man kann in einer sozialen Situation nicht nicht kommunizieren", sagte der Kommunikationswissenschaftler Paul Watzlawick (geb. 1921 in Österreich).

Er meinte damit, dass jedes Verhalten als Kommunikation verstanden werden kann, also auch das nonverbale Verhalten. Obwohl wir viel Zeit mit Kommunikation verbringen und Kommunikation eine Kernkompetenz sowohl im Berufs- als auch im Privatleben sein sollte, gibt es in diesem Bereich häufig Nachholbedarf.

Infobox

Nur wenige beherrschen die Kunst der Kommunikation. Im Berufsleben kann das zu Missverständnissen, Enttäuschungen und Frustrationen führen. Im schlimmsten Fall endet Ihre Karriere in einer Sackgasse.

Unter Kommunikation versteht man, dass ein Sender eine Botschaft zu einem Empfänger schickt und der Empfänger diese aufnimmt und darauf reagiert. Diese Nachricht wird durch die verbale Kommunikation (Sprache) und die nonverbale Kommunikation (Gestik, Mimik, Augenkontakt, Körpersprache) übermittelt.

Infobox

Die nonverbale Kommunikation ist ein wichtiger Bestandteil der zwischenmenschlichen Verständigung. Bei einem Gespräch kommt es nur zu einem Drittel darauf an, was gesagt wird (verbale Kommunikation), und zu zwei Dritteln darauf, wie es gesagt wird (nonverbale Kommunikation).

Um Ihre Kommunikation zu verbessern, sollten Sie jede Chance, die sich Ihnen bietet, zum Üben nutzen. Wenn Sie beruflich noch Hemmungen haben, konzentrieren Sie sich zunächst auf den privaten Bereich. Bei einem Geburtstag oder einer Hochzeit eine kleine Rede zu halten fällt vielen leichter, weil sie sich im Kreise der Familie gut aufgehoben fühlen. Auch haben eventuelle Fehler keine so weitreichenden Folgen wie im Berufsleben. Wenn Sie ein paar Vorträge im privaten Rahmen gehalten haben, können Sie auch im Job auftreten. Passen Sie dabei Ihre Wortwahl an die Zuhörer an. Eine Rede vor Geschäftsführern hat einen anderen Sprachcode als ein Beitrag vor Schichtarbeitern. Versuchen Sie Kernbotschaften zu formulieren anstatt langer Redeschwalle. Wenn Sie sich bei Meetings zu Wort melden, halten Sie sich möglichst kurz. Die meisten Statements können in zwei, drei Sätzen zusammengefasst und bei Bedarf weiter ausgeführt werden.

Kommunikationsfallen

Nicht immer klappt es mit der Kommunikation so, wie man es sich wünscht. Hier lesen Sie etwas über die wichtigsten Kommunikationsfallen und erhalten Vorschläge, wie Sie diese vermeiden können.

1. Befehlen: Niemand lässt sich gerne herumkommandieren. Drücken Sie sich konkret aus, formulieren Sie Ihren Wunsch und vergessen Sie nicht, hinzuzufügen, bis wann die Arbeit erledigt sein soll.
Beispiel: „Sie müssen die Buchhaltung erledigen!"
Besser: „Ich wünsche mir, dass Sie bis zum nächsten Montag die Buchhaltung für die EDV-Abteilung erledigt haben."

2. Drohen: Wer droht, versucht seine Macht auszuspielen. Drohungen finden in der Regel nur gegenüber hierarchisch untergeordneten Personen statt. Unterlassen Sie Drohungen und formulieren Sie stattdessen konkret, welche Herangehensweise Sie als besser erachten und vor allem welche positiven Konsequenzen sich daraus ergeben.
Beispiel: „Wenn Sie das tun werden, wird später die Stimmung schlecht."
Besser: „Ich finde es besser, wenn Sie auf das vernichtende Urteil in der nächsten Betriebsversammlung verzichten würden. Dann wird bestimmt auch die Stimmung besser."

3. Ungefragt Vorschläge machen: Seien Sie mit Ihren Ratschlägen zurückhaltend. Warten Sie besser, bis Ihr Gesprächspartner Sie nach Ihrer Meinung fragt. Und wenn Sie sich äußern, sollten Sie Ihre Meinung begründen und einen gütlichen Vorschlag einbringen, inwiefern man beim nächsten Mal besser handeln kann.
Beispiel: „Es wäre am besten für Sie, wenn Sie sich in Zukunft bei Meetings zurückhalten würden."
Besser: „Möglicherweise haben Sie mit Ihrem Vorschlag den Geschäftsführer beim Meeting am Montag etwas vor den Kopf gestoßen. Lassen Sie uns in Zukunft vorher miteinander besprechen, wie Sie dem Geschäftsführer Ihre Meinung mitteilen."

4. Urteilen: Niemand lässt sich gerne vorschnell beurteilen. Seien Sie vorsichtig mit Ihren Äußerungen. Fragen Sie nach und diskutieren Sie über die Inhalte.
Beispiel: „Sie sind auf dem falschen Weg."
Besser: „Lassen Sie uns Ihre Lösung noch einmal gemeinsam überdenken."

5. Schmeicheln: Wer schmeichelt, hat meistens einen Hintergedanken. Manchmal werden Mitarbeiter, die nicht Nein sagen können, für ihre Fähigkeiten gelobt, und Ihnen wird im nächsten Satz eine weitere Arbeit aufgebürdet. Machen Sie lieber konkrete und aufrichtige Komplimente ohne Hintergedanken.
Beispiel: „Sie haben große Fähigkeiten."
Besser: „Ihr Vorschlag zum neuen Absatzkonzept war hervorragend."

6. Beschimpfen: Beschimpfungen sollten im Berufsleben tabu sein. Auf keinen Fall dürfen Sie jemanden vor Dritten bloßstellen.
Beispiel: „Sie stellen sich wirklich sehr töricht an!"
Besser: „Ich habe das Gefühl, Sie haben den letzten Gedankengang noch nicht ganz verstanden. Ich wiederhole ihn noch einmal für Sie."

7. Interpretieren: Halten Sie mit Ihrer Meinung lieber hinter dem Berg. Falsche Interpretationen kommen nicht gut an.

Beispiel: „Das sagen Sie nur, weil Sie gerade ärgerlich sind."
Besser: „Ich habe den Eindruck, dass Sie sich geärgert haben. Liege ich damit richtig?"

8. Beruhigen und trösten: Mit leeren Phrasen lässt sich niemand gerne abspeisen. Ihr Gegenüber fühlt sich dann mit seinen Problemen und Ängsten nicht ernst genommen. Nehmen Sie sich die Zeit, nachzufragen, zuzuhören und Lösungen zu finden.
Beispiel: „Nehmen Sie sich das doch nicht so zu Herzen."
Besser: „Ich kann nachempfinden, dass die Versetzung in eine andere Abteilung eine große Umstellung für Sie bedeutet. Bitte teilen Sie mir genau mit, wo Ihre Bedenken liegen, und wir versuchen gemeinsam, sie aus dem Weg zu räumen."

9. Ablenken: Ob Ihr Gesprächspartner über ein Problem noch eine Nacht schlafen möchte oder nicht, sollten Sie besser ihm überlassen.
Beispiel: „Kommen Sie erst einmal wieder zu sich, bevor Sie sich darüber Gedanken machen."
Besser: „Ich verstehe sehr gut, dass Sie das jetzt beschäftigt. Sie können jederzeit auf mich zukommen, wenn Sie noch Fragen dazu haben."

10. Anklagen: Halten Sie sich mit allgemeinen Anklagen zurück. Werden Sie stattdessen konkret und sprechen Sie darüber.

Beispiel: „Sie kümmern sich überhaupt nicht um die Belange des Unternehmens."
Besser: „Die Pressekonferenz haben Sie sehr gut organisiert. Meinem Eindruck nach ist das Unternehmen dabei aber etwas schlecht weggekommen, weil Sie die gute Umsatzentwicklung nicht erwähnt haben. Lassen Sie uns noch einmal darüber reden."

Gespräche vorbereiten

Wenn Sie Gespräche vorbereiten, sind Sie viel sicherer. Sie haben einen Leitfaden, an dem Sie sich orientieren können, und können auch auf die Belange Ihres Gegenübers viel besser eingehen. Machen Sie es sich zur Gewohnheit, jedes Gespräch – und sei es in Ihren Augen noch so unwichtig – vorzubereiten. Berücksichtigen Sie dabei auch Telefonate. Sie werden sehen, dass Sie dadurch nicht nur Zeit sparen, sondern auch Missverständnisse aus dem Weg räumen können und sich dadurch die Stimmung im Unternehmen verbessert.

Infobox

Bevor Sie ein Gespräch organisieren, sollten Sie sich über die Ziele, die Sie dabei erreichen möchten, im Klaren sein. Verlieren Sie diese Ziele während des Dialogs nicht aus den Augen und legen Sie den Schwerpunkt darauf. Falls Ihr Gesprächspartner ablenkt, behalten Sie den roten Faden im Blick.

Versuchen Sie sich in die Lage Ihres Gesprächspartners zu versetzen und überlegen Sie sich, welche Argumentation er verfolgen könnte. Angenommen, Sie möchten mit Ihrem Vorgesetzten über eine Gehaltserhöhung diskutieren: Was könnte aus Sicht des Chefs dagegen sprechen? Wer sich vorher Gedanken macht, wie sein Gegenüber reagiert, ist vor Überraschungen sicher und kann Gegenargumente vorbereiten.

Bevor Sie in ein wichtiges Gespräch gehen, sollten Sie sich Folgendes notiert haben:

- **Ziele:** Welches Hauptziel verfolge ich mit dem Gespräch? Welches sind meine Mussziele, welches sind meine Wunschziele?
- **Zusatz:** Was kann darüber hinaus zur Sprache kommen?
- **Vermeiden:** Was soll nicht zur Sprache kommen?
- **Partner:** Welches ist das Hauptziel meines Gesprächspartners?
- **Konflikte:** Gibt es Zielkonflikte?

Nicht-Nein-sagen-Können

Luise K. ist Steuerfachangestellte bei einer großen Kanzlei. Obwohl sie abends lange arbeitet, ist sie am nächsten Morgen als Erste wieder im Büro. Als sie an einem Tag ausnahmsweise früher gehen möchte, läuft sie ihrer Chefin über den Weg. „Gut, dass ich Sie treffe. Ich brauche bis morgen die Bilanz von der Firma Köpfler. Können

Sie die bitte heute noch für mich vorbereiten?" Luise K. weiß, dass sie zwei Stunden brauchen wird, um die Arbeit zu verrichten. Trotzdem nimmt sie diese an. Luise K. hat ein Problem damit, Nein zu sagen.

Besonders unter Frauen ist das Nicht-Nein-sagen-Können verbreitet. Die Gründe dafür sind vielfältig. Manchmal steckt das Motiv dahinter, freundlich sein und anderen helfen zu wollen. Oder jemand möchte sich unentbehrlich machen und hofft, auf diesem Weg die Karriereleiter hinaufzusteigen. Wieder andere fürchten sich vor Sanktionen, schlimmstenfalls vor der Kündigung, oder scheuen sich vor Konflikten.

Infobox

Wer große Probleme damit hat, Nein zu sagen, leidet häufig unter einem schwachen Selbstwertgefühl. Er glaubt, nicht mehr gemocht zu werden oder mit Sanktionen bestraft zu werden, wenn er eine Aufgabe ablehnt.

Viele sagen zwar zu der Aufgabe Ja, leiden aber darunter, Überstunden machen zu müssen, nicht zum Kerngeschäft zu kommen und überarbeitet zu sein. Außerdem ist es für ihr Ansehen im Unternehmen schlecht, wenn sie zu allem Ja und Amen sagen und nie etwas ablehnen. Jasager machen seltener Karriere. Lernen Sie, Nein zu sagen. Am Anfang wird es Ihnen schwerfallen, aber Sie werden schnell merken, dass Sie sich besser fühlen und dass sich Ihr Image in der Firma verbessert.

Mit unseren Tipps lernen Sie, Nein zu sagen, ohne dass sich der andere dabei verletzt oder vor den Kopf gestoßen fühlt. Bitte bleiben Sie auf alle Fälle standhaft, sonst verlieren Sie Ihre Glaubwürdigkeit.

Tipp 1: Begründen Sie Ihr Nein.
Ihr Gegenüber hat zwar keinen Anspruch auf eine Begründung, aber mit einer Erklärung wird es für Sie beide einfacher.
Beispiel: Sie sitzen über einer komplizierten Aufgabe. Ihre Kollegin fragt, ob es Sie stört, wenn Sie das Radio anmacht. Sie könnten antworten: „Normalerweise kannst du gerne das Radio anmachen. Im Moment möchte ich es aber nicht, weil ich die Umsatzzahlen ausrechnen muss. Wenn ich damit fertig bin, sage ich dir Bescheid, dann kannst du das Radio einschalten."

Tipp 2: Versetzen Sie sich in die Lage des anderen.
Wenn Sie Verständnis für die Situation Ihres „Antragstellers" zeigen, fühlt er sich ernst genommen und nimmt Ihnen Ihr Nein nicht übel.
Beispiel: Der Werbetexter Olaf H. fragt seinen Kollegen, ob er ihn bei seiner neuen Kampagne unterstützen kann, weil er gerade unter Zeitdruck ist. Dieser könnte ant-

worten: „Ich sehe, dass du gerade sehr viel zu tun hast, und das tut mir leid für dich. Ich bin aber im Moment auch völlig ausgelastet und kann dir deshalb dieses Mal leider nicht helfen."

Tipp 3: Bedanken Sie sich für die Aufgabe.
Ihr Gegenüber freut sich, wenn Sie sich bei ihm dafür bedanken, dass er Ihnen die Arbeit zutraut und möchte, dass Sie sie ausführen.
Beispiel: „Es freut mich sehr, dass du mich bittest, die PowerPoint-Präsentation für dich zu machen, weil das ein großes Kompliment für mich ist. Leider geht es trotzdem nicht, da ich mit meinen eigenen Aufgaben gerade genug zu tun habe."

Es gibt auch Fälle, in denen von Ihrer Seite aus kein striktes Nein notwendig ist und in denen Sie kompromissbereit sind, aber nicht die komplette Aufgabe übernehmen wollen oder können. Sie können beispielsweise für den heutigen Tag ein Nein und am nächsten Tag aber ein Ja erteilen.
Beispiel: „Heute schaffe ich es wirklich nicht, dir bei der Planung zu helfen, aber morgen habe ich wieder etwas mehr Freiraum."

Eine weitere Möglichkeit besteht darin, die Arbeit anzunehmen, aber im Gegenzug den Gesprächspartner auch um einen Gefallen zu bitten.

Beispiel: „Gut, ich mache für dich die Recherche, weil ich darin schneller bin als du, aber dann bereitest du die Pressekonferenz am Montag für mich vor."

Wenn Ihre Antragsteller ganz hartnäckig sind und immer wieder versuchen, Sie umzustimmen, können Sie Folgendes sagen: „Sie haben mich nun wiederholt darum gebeten, den Fall zu übernehmen. Es tut mir leid, aber Sie können mich wirklich nicht umstimmen. Ich bleibe bei meinem Nein."

Infobox

Horchen Sie in sich hinein, wenn Sie sich nicht sicher sind, ob Sie eine Arbeit annehmen oder ablehnen sollen. In der Regel sagt Ihnen Ihre innere Stimme genau, was Sie möchten und was nicht.

Auf einen Blick

Folgende Kommunikationsfallen sollten vermieden werden: befehlen, drohen, ungefragt Vorschläge machen, urteilen, schmeicheln, beschimpfen, interpretieren, beruhigen und trösten, ablenken und anklagen.

Bevor Sie in ein Gespräch gehen, sollten Sie Folgendes geklärt haben: Welches sind Haupt-,

Muss- und Wunschziele? Was soll nicht zur Sprache kommen? Welches ist das Hauptziel des Gesprächspartners? Gibt es Zielkonflikte?
Diese Tipps machen das Neinsagen leichter: Begründen Sie das Nein, versetzen Sie sich in die Lage des anderen und bedanken Sie sich für die herangetragene Aufgabe.

4.3 Teamarbeit

Im Berufsleben wird heute Teamwork großgeschrieben. Anders als früher, als Betriebe noch stärker hierarchisch strukturiert waren, ist heute die Meinung eines jeden einzelnen Teammitglieds vom Azubi bis zur Sekretärin gefragt. Wenn ein Team gut zusammenarbeitet, ist das für das ganze Unternehmen von Vorteil: Teammitglieder sind motivierter, erledigen während der Arbeitszeit weniger Privates und bleiben der Firma länger treu. Damit Sie Ihre Teamarbeit optimieren können, werden wir Sie in diesem Unterkapitel mit den Regeln des Delegierens vertraut gemacht. Außerdem werden Sie lesen, wie Sie Meetings am besten organisieren.

Delegieren

Ohne die Fähigkeit, zu delegieren, kommt heute kein Teamchef mehr aus. Delegieren ist aus verschiedenen

Gründen wichtig: Einerseits ist Delegieren eine gute Möglichkeit, Zeit zu sparen und sich dem Kerngeschäft zu widmen, andererseits wird durch das Delegieren der Teamgeist und die Eigenverantwortung der Mitarbeiter gefördert. Das Delegieren besteht aus den folgenden Schritten:

- **Was soll delegiert werden?** Überlegen Sie, welche von Ihren täglichen Aufgaben Sie delegieren können. Wenn Sie unschlüssig sind, schreiben Sie über einen Zeitraum von etwa zwei Wochen die Arbeiten auf, die Sie täglich erledigen, und wählen Sie daraus Tätigkeiten aus, die Sie Ihren Mitarbeitern übergeben können. Prüfen Sie vorher, ob die Anforderungen mit den Kompetenzen übereinstimmen. Sicher werden Sie auch Routinearbeiten delegieren müssen. Achten Sie aber darauf, dass Ihre Mitarbeiter auch mit verantwortungsvollen Aufgaben betraut werden, damit sie motiviert bleiben.

- **Wie wird delegiert?** Nehmen Sie sich immer genug Zeit, wenn Sie Ihren Mitarbeiter mit der Aufgabe vertraut machen. Erklären Sie ihm in Ruhe die Arbeiten, fragen Sie nach, ob er alles verstanden hat, und klären Sie offene Fragen. Geben Sie ihm Tipps aus Ihrer langjährigen Erfahrung. Legen Sie gemeinsam einen Zeitpunkt fest, zu dem Sie über den Zwischenstand reden.

Infobox

Wenn Sie zum ersten Mal eine Arbeit delegieren, empfiehlt es sich, die Aufgabe einmal gemeinsam mit dem Mitarbeiter durchzuführen. So lernt er die einzelnen Schritte kennen und kann sofort nachfragen, wenn er etwas nicht verstanden hat.

- **Was wird aufgeschrieben?** Ein Arbeits- oder Projektpapier ist eine große Hilfe beim Delegieren. Notieren Sie, wann und an wen der Auftrag erteilt wurde, beschreiben Sie die Arbeit und den Abgabetermin. Falls es sich um ein größeres Projekt handelt, sollten Sie außerdem Etappenziele notieren. Vergessen Sie auch hier das Datum nicht.

- **Wie wird das Delegieren verfolgt?** Machen Sie sich vorher Gedanken, wie Sie Ihrem Mitarbeiter die Arbeit erleichtern können. Überlegen Sie sich, ob er während der Projektphase außer Haus arbeiten kann, ob er Zugang zu speziellen Daten erhält und ob er so lange von anderen Aufgaben befreit wird. Machen Sie deutlich, dass er Sie bei Fragen jederzeit ansprechen kann und dass Sie informiert werden möchten, sobald Probleme auftreten. Vertrauen Sie Ihrem Mitarbeiter, auch wenn es Ihnen anfangs schwerfällt, und verzichten Sie weitgehend auf Kontrolle. Niemand mag es, wenn der Vorgesetzte einem ständig über die Schulter schaut oder täglich nach dem Fortschritt fragt. Geben Sie die Aufgabe nicht gleich einem anderen Mitarbeiter, wenn es Schwierigkeiten gibt, sondern suchen Sie gemeinsam nach einer Lösung. Ein erfolgreich abgeschlossenes Projekt stärkt das Selbstvertrauen Ihres Mitarbeiters.

- **Wie wird gelobt?** Wenn die Arbeit abgeschlossen ist, sollten Sie Ihrem Mitarbeiter dafür Anerkennung entgegenbringen und ihm deutlich machen, dass Sie seine Arbeit schätzen. Vermeiden Sie dabei Allgemeinfloskeln wie „Das haben Sie gut gemacht", sondern sagen Sie etwa: „Besonders gut hat mir die lebendige Rede gefallen, die Sie für das Jubiläumsfest geschrieben haben."

Wenn Sie unsere Hinweise zum Delegieren beachten, werden Sie bald davon profitieren: Sie haben mehr Zeit für andere Aufgaben und Ihre Mitarbeiter fühlen sich ernst genommen.

Meetings

Jeden Dienstag um 10:00 Uhr trifft sich das sechsköpfige Team des Caritasverbandes, um über laufende Projekte, geplante Veränderungen und aktuelle Themen zu reden. Die Besprechung zieht sich oft bis nach Mittag hin, die Konzentration lässt nach, einzelne Mägen knurren. Eine Tagesordnung existiert genauso wenig wie eine Diskussionsleitung, und so passiert es immer wieder, dass der Sozialpädagoge Luis K. seine minutenlangen Monologe hält, während die anderen gähnen oder verstohlen auf die Uhr schauen. Ein greifbares Ergebnis gibt es nach den Meetings nicht, auch kein Protokoll. Die meisten gehen danach unmotiviert in die Mittagspause und ärgern sich über die verschwendete Zeit.

Heutzutage findet kaum eine Arbeitswoche statt, in der es keine Meetings gibt. Viele mögen Besprechungen nicht, doch seit verstärkt in Teams gearbeitet wird, sind sie ein unverzichtbarer Bestandteil der Arbeitswelt geworden. Lesen Sie hier, wie Sie Ihre Meetings in Zukunft noch erfolgreicher gestalten können.

Meetings, die Sie selbst organisieren: Bevor Sie zu einer Besprechung einladen, sollten Sie sich genau überlegen, ob das Meeting wirklich notwendig ist. Manche Inhalte können Sie genauso gut per E-Mail übermitteln. Vielleicht bietet sich alternativ ein Arbeitsessen an? Berücksichtigen Sie, dass ein Meeting viel Zeit und damit

Infobox

Falls kurzfristig geplante Inhalte wegfallen oder ein wichtiger Mitarbeiter nicht teilnehmen kann, sagen Sie das Meeting besser ab, auch wenn es kurzfristig ist. Das ist effektiver, als die Mitarbeiter umsonst kommen zu lassen oder über ein anderes Thema zu sprechen.

das Unternehmen Geld kostet. Laden Sie nur die Mitarbeiter ein, die wirklich unverzichtbar sind.

Meetings, zu denen Sie eingeladen sind: Überlegen Sie sich, ob es wirklich Sinn ergibt, wenn Sie zu einem Meeting gehen. Manchmal genügt es, wenn die Kollegen Sie über die besprochenen Inhalte informieren oder wenn Sie das Sitzungsprotokoll lesen. Um Zeit zu sparen, können Sie eventuell nur zu denjenigen Tagesordnungspunkten kommen, bei denen Ihre Anwesenheit unbedingt erforderlich ist.

Regelmäßige Meetings: In vielen Unternehmen finden regelmäßige Meetings statt. Gerade diese Besprechungen verschwenden häufig Zeit, weil es keine aktuellen Anlässe gibt und die Meetings unnötig in die Länge gezogen werden. Wenn Sie auf regelmäßige Meetings nicht verzichten wollen, überlegen Sie, ob Sie mit der Hälfte der Zeit auskommen oder ob es genügt, wenn Sie sich alle 14 Tage treffen statt jede Woche. Besser ist es, wenn ein Meeting einen konkreten Anlass und ein vorher definiertes Ziel hat.

Agenda: Bevor Sie zu einem Meeting einladen, sollten Sie sich über die Tagesordnung im Klaren sein und diese – beispielsweise per E-Mail – Ihren Mitarbeitern zukommen lassen. Teilen Sie auch mit, ob Sie eine Zusage erwarten. Nehmen Sie die Punkte der letzten Sitzung mit auf und fassen Sie diese noch einmal zusammen. Schreiben Sie in die Agenda, mit welchen Beiträgen zu rechnen ist, und geben Sie Ihren Mitarbeitern die Gelegenheit, weitere Tagesordnungspunkte hinzuzufügen. Bei längeren Meetings sollten Sie darüber informieren, wann Pausen sind und ob Getränke oder Snacks gereicht werden. Seien Sie bei dem Tagesordnungspunkt „Verschiedenes" vorsichtig. Besprechen Sie nur Themen, die für alle Teilnehmer von Interesse sind. Am besten, Sie rechnen für „Verschiedenes" maximal 15 Minuten und haken den Punkt gleich zu Beginn der Sitzung ab.

Die Zeiteinteilung bei Meetings

Beginn: Die Anfangszeit sollten Sie je nach Branche abschätzen. Wenn Sie in einer Werbeagentur tätig sind und die meisten Mitarbeiter erst um 10:00 Uhr kommen, bietet sich 10:30 Uhr an. Haben Sie in Ihrem Unternehmen viel Kundenkontakt und stehen die Telefone ab 9:00 Uhr nicht mehr still, könnte ein kurzes Meeting bereits um 8:00 Uhr anfangen.

Tiefpunkte: Wenn möglich, berücksichtigen Sie auch das Elf-Uhr-Loch und das Nachmittagstief und vermeiden Sie Sitzungen um diese Zeit.

Ende: Legen Sie nicht nur die Anfangszeit fest, sondern auch das geplante Ende, an das Sie sich unbedingt halten sollten.

Pünktlichkeit: Beginnen Sie das Meeting pünktlich. Notorische Zuspätkommer sind dann bei der nächsten

Besprechung garantiert rechtzeitig da. Ein Trick ist, das Meetings nicht um 10:00 Uhr oder 14:00 Uhr beginnen zu lassen, sondern zu ungewöhnlichen Zeiten, wie z. B. 15:20 Uhr oder 11:15 Uhr. Die Mitarbeiter sind dann in der Regel pünktlicher.

Diskussionsleitung: Jedes Meeting braucht einen Moderator. Wenn Sie keinen Moderator haben, sprechen die Mitarbeiter durcheinander und die Redebeiträge gehen im Hinblick auf ihre Länge ins Unendliche. Der Moderator hat die Aufgabe, die Diskussion zu steuern, das Ziel der Besprechung im Auge zu behalten, Redebeiträge zu begrenzen, Vielredner zu mäßigen, Zurückhaltende nach ihrer Meinung zu fragen, den roten Faden zu behalten, Ärger und Wut auszugleichen und ein Schlusswort zu formulieren.

Infobox

Bestimmen Sie nicht immer denselben Diskussionsleiter, sondern lassen Sie alle Teammitglieder der Reihe nach moderieren. So kommt in den Besprechungen keine Routine auf und die Mitarbeiter fühlen sich ernst genommen.

Unterbrechungen: Vereinbaren Sie vorher, dass Handys ausgeschaltet werden. Wer auf dringende Anrufe wartet, schaltet sein Handy auf stumm und verlässt den Raum, sobald es vibriert. Planen Sie bei längeren Besprechungen

Pausen ein, in denen die Teilnehmer telefonieren und Getränke bzw. Snacks zu sich nehmen können.

Infobox

Bei größeren Meetings empfiehlt es sich, Papier, Stifte und eventuell Namenskärtchen zur Verfügung zu stellen.

Vor der Besprechung: Legen Sie vor Beginn Ihres Meetings einen Diskussionsleiter und Protokollführer fest. Stellen Sie sicher, dass alle Teilnehmer eine Agenda vor sich liegen haben, und erläutern Sie die Ziele der Sitzung.

Während der Besprechung:
Ziel: Halten Sie sich immer das Ziel der Besprechung vor Augen.
Zeit: Denken Sie daran, die geplante Zeit einzuhalten.
Themen: Besprechen Sie Themen, die nicht alle betreffen, am Schluss, damit die anderen schon gehen können. Falls Bedarf besteht, ungeplante Themen zu diskutieren, notieren Sie diese und besprechen Sie sie später oder in einer anderen Sitzung.
Disziplin: Achten Sie auf diszipliniertes Verhalten und unterbinden Sie private Unterhaltungen.
Bewertung: Hören Sie sich Wortbeiträge zunächst an, ohne sie zu bewerten.
Sachlichkeit: Bleiben Sie sachlich.

Nach der Besprechung: Am Ende der Sitzung sollten Sie ein Resümee ziehen und die Ergebnisse im Hinblick auf das gewünschte Ziel zusammenfassen. Erstellen Sie eine To-do-Liste und holen Sie sich Feedback ein.

Auf einen Blick

- → **Delegieren:** Wer delegiert, hat mehr Zeit fürs Kerngeschäft und nimmt seine Mitarbeiter ernst. Die Arbeit sollte mit den Kompetenzen der Angestellten übereinstimmen. Eine ausführliche Einweisung ist unverzichtbar. Auf einem Arbeitspapier werden die wichtigsten Schritte festgehalten. Bei Problemen wird gemeinsam nach einer Lösung gesucht. Nach Abschluss des Projekts sollte der Mitarbeiter gelobt werden.
- → **Meetings:** So laufen Meetings reibungslos ab: Vor der Besprechung den Teilnehmern eine Agenda zukommen lassen, auf der Beginn, Ende, Ziel des Meetings und die Tagesordnungspunkte stehen. Vor der Besprechung einen Diskussionsleiter bestimmen und währenddessen das gesetzte Ziel nicht aus den Augen verlieren. Nach dem Meeting das Besprochene zusammenfassen, Feedback einholen, eine To-do-Liste erstellen und dafür

sorgen, dass alle Teilnehmer ein Protokoll erhalten. Darin sollte zumindest Folgendes enthalten sein: Beschlüsse, Aufgaben, Verantwortung und Termine.

4.4 Kritik

Wenn es um das Thema Kritik geht, versagen sowohl Vorgesetzte als auch Kollegen oft. Die meisten können weder konstruktiv kritisieren noch Kritik richtig annehmen. Kurz: Der Umgang mit Kritik ist in den meisten Unternehmen noch defizitär. Aus Angst, Kritik zu äußern, hüllen sich viele in Schweigen. Missverständnisse treten auf, Dinge werden vertuscht, das Problem wird hinuntergeschluckt. Doch damit sind die Missverhältnisse nicht aus der Welt geschafft.

Andere kritisieren
Wenn Sie etwas zu kritisieren haben, sprechen Sie es baldmöglichst an. Am besten, Sie formulieren Ihre Kritik in einen Wunsch um, bleiben höflich und freundlich und machen dem anderen keine Vorwürfe. So kritisieren Sie konstruktiv.

Sigrun K. ärgert sich darüber, dass ihre Kollegin fast nie die gemeinsame Mailbox des Telefons nach der Mittagspause abhört. Ihr Ärger wird immer größer und eines Tages platzt es aus ihr heraus: „Du bist dir wohl zu schade, die Mailbox abzuhören, was? Immer lässt du mich die Drecksarbeit machen!" Besser wäre es gewesen, sie hätte rechtzeitig zu ihrer Kollegin gesagt: „Ich habe eine Bitte: Könnten wir uns beim Abhören der Mailbox abwechseln? Die Anrufe, die eingehen, sind ja für uns beide."

Wenn Sie eine Begründung für Ihren Wunsch haben, fügen Sie diese ruhig hinzu. Und seien Sie vorsichtig, wenn Sie sich über etwas massiv geärgert haben. Viele sind der Überzeugung, dass dieser Ärger sofort an der richtigen Stelle herausgelassen werden sollte. Natürlich sollen Sie ein Ventil für Ihre Wut haben. Aber oft gebraucht man im ersten Zorn Worte, die man später bereut. Bewahren Sie auch bei großem Ärger zunächst Ruhe. Ziehen Sie sich zurück und lassen Sie die Gefühle zu, die hochkommen. Gehen Sie an die frische Luft, zählen Sie bis zehn oder treiben Sie Sport. Schreiben Sie sich auf, was Sie ärgert, und schlafen Sie eine Nacht darüber, bevor Sie sich äußern.

Wenn Sie kritisieren, bleiben Sie in der Ich-Form und verzichten Sie auf Generalabrechnungen wie die folgende: „Ich habe ein grundsätzliches Problem mit deiner Arbeitseinstellung. Du kommst oft zu spät und machst als Erster Feierabend. Die Pausen überziehst du. Dann hast du die letzten Protokolle schlampig erstellt und vergessen, Herrn Schmidt mit auf die Mailingliste zu setzen. Der Einkauf hat sich beschwert, weil du die Lampen nicht bestellt hast, und außerdem ist der Vorschlag für deine Präsentation längst überfällig."

Sprechen Sie immer nur einen, maximal zwei Punkte an. Sonst muten Sie Ihrem Gesprächspartner zu viel zu und er hat keine Möglichkeit mehr, adäquat auf Ihre Kritik zu reagieren. Formulieren Sie den Sachverhalt klar und deutlich und lassen Sie Ihrem Gesprächspartner Zeit für eine Stellungnahme. Treffen Sie eine Vereinbarung („In Zukunft machen wir es so ...") und beenden Sie das Gespräch positiv: „Herr Müller, Sie sind ein wertvoller Mitarbeiter für unser Unternehmen und ich bin mir sicher, dass Sie Ihre Unsicherheit beim Präsentieren bald überwinden werden."

Folgendes sollten Sie bei Kritikgesprächen vermeiden:

- Den Gesprächspartner persönlich angreifen („Was wissen Sie schon von gesunder Ernährung? Sie haben doch selbst viel zu viel auf den Rippen!")
- Autoritär auftreten („So läuft das nicht mehr, ist das klar? Ab sofort machen wir das anders!")
- Jemanden vor anderen kritisieren
- Verallgemeinern („immer", „nie")
- Ironie oder Sarkasmus („Da kommt ja unser Mister Superschlau!")
- Vermeiden Sie Schuldzuweisungen

Tipps, wie Sie besser kritisieren:

- Finden Sie den richtigen Zeitpunkt: Äußern Sie sich nicht sofort, wenn Sie richtig wütend sind. Der Ärger sollte sich aber auch nicht aufstauen.
- Bleiben Sie sachlich.
- Führen Sie keine Monologe, sondern Dialoge.
- Bauen Sie Entschuldigungen für das Verhalten ein („Ich weiß, dass Sie im Moment wegen der Stellenkürzungen sehr unter Druck sind ...").
- Bieten Sie Lösungsvorschläge an.
- Verzichten Sie grundsätzlich darauf, das Wort „Kritik" zu benutzen.
- Respektieren Sie die Persönlichkeit Ihres Gegenübers (eine introvertierte Person wird auch nach Ihrer Kritik nicht Wortführer bei Besprechungen werden).
- Verzichten Sie auf den Wink mit dem Zaunpfahl, weil dieser oft nicht verstanden wird.

Kritik annehmen

Die meisten Menschen haben Angst vor Kritik – manche sogar so sehr, dass sie sich im Vorfeld bemühen, alles 150-prozentig zu machen, um jeden Anflug von Kritik im Keim zu ersticken. Doch Perfektionismus kann nicht der richtige Weg sein. Grundsätzlich hat jeder das Recht, Kritik zu äußern und Kritik abzulehnen. Sie müssen keinesfalls jede Kritik über sich ergehen lassen. Am besten, Sie nehmen nur diejenige Kritik an, die Sie auch persönlich weiterbringt.

Folgende Tipps helfen Ihnen, Kritik besser anzunehmen:

- Behalten Sie sich grundsätzlich das Recht vor, nach einer Kritik über das Gesagte erst einmal nachzudenken.
- Nehmen Sie nie Kritik über Dritte an („Herr Mayer findet, Sie können keine Nachrichten schreiben").
- Bleiben Sie ruhig, auch wenn massive Kritik geäußert wird.
- Bemühen Sie sich um eine aufrechte Körperhaltung und schauen Sie Ihrem Kritiker selbstbewusst in die Augen.
- Fragen Sie nach, ob Sie die Kritikpunkte richtig verstanden haben.
- Erörtern Sie Ihre eigene Sichtweise.
- Klären Sie sofort auf, wenn Tatsachen falsch dargestellt werden.
- Schieben Sie die Schuld nicht auf andere.
- Bitten Sie um Zeit, wenn Sie sehr verletzt sind.

Infobox

Hinter unsachlicher Kritik steckt oft Neid oder Konkurrenzdenken. Wenn Ihr Gegenüber sagt: „Die letzten Grafikvorlagen von Ihnen waren schrecklich", fragen Sie ihn am besten: „Was meinen Sie mit ‚schrecklich'?". Schießen Sie bei unsachlichen und unkonkreten Kritiken den Ball immer wieder zurück und nageln Sie Ihren Gesprächspartner fest. Bestehen Sie auf Sachlichkeit.

- Stehen Sie zu Ihren Fehlern, ohne sich herauszureden oder zu rechtfertigen. Übernehmen Sie die Verantwortung und versprechen Sie, die Sache wieder in Ordnung zu bringen.
- Achten Sie auf Ihre persönlichen Grenzen und weisen Sie Ihren Kritiker zurück, wenn seine Anschuldigungen zu weit gehen.

Der innere Kritiker

Der innere Kritiker ist eine Instanz, die darauf bedacht ist, dass eigene Werte, Maßstäbe und Richtlinien eingehalten werden. Er erinnert an Fehlschläge, Versäumnisse und Fehler, sabotiert unsere Selbstsicherheit und meldet sich besonders dann lautstark zu Wort, wenn es um unsere wunden Punkte geht.

Heidrun H. hat schon über dreißig Bewerbungen für eine neue Stelle abgeschickt. Als sie wieder eine Absage im Briefkasten findet, sagt ihr innerer Kritiker: „Schon wieder eine Absage! Keiner will mich. Alle anderen sind besser als ich. Ich bin einfach zu schlecht."

Auch wenn es schwierig ist: Versuchen Sie Ihren inneren Kritiker als einen wichtigen Teil Ihrer Seele anzunehmen und zu verstehen. Ihr innerer Kritiker will im Prinzip nichts Böses, im Gegenteil: Er will, dass Sie Erfolg haben, Anerkennung bekommen, Karriere machen, beliebt sind und gut aussehen. Aber das übermittelt er Ihnen selten auf die sanfte, verständnisvolle Art. Der innere Kritiker ist brutal und schonungslos. Er wirft Ihnen gnadenlos Ihr Versagen vor und vergleicht Sie mit anderen. Ständig reibt er Ihnen Ihre Schwächen unter die Nase und denkt an den schlechtestmöglichen Ausgang einer bevorstehenden Situation.

Doch lassen Sie sich von Ihrem inneren Kritiker nicht unterkriegen – er hat seine Daseinsberechtigung. Zunächst können Sie beruhigt sein: Die anderen bekommen von den Gemeinheiten des inneren Kritikers nichts mit. Dafür bewahrt der innere Kritiker Sie davor, dass Sie sich für supertoll, unfehlbar und genial halten. Er sorgt dafür, dass Sie auf dem Boden bleiben. Räumen Sie ihm trotzdem nicht zu viel Platz ein. Bemühen Sie sich um eine verträgliche Dosis und bremsen Sie ihn, wenn er zu laut wird, denn zu viel Selbstkritik bremst die Motivation und erzeugt Minderwertigkeitskomplexe.

Versuchen Sie Ihre wunden Punkte zu erkennen, also die Bereiche, an denen der innere Kritiker immer wieder etwas zu bemängeln hat. Setzen Sie sich mit Ihren wunden Punkten auseinander und vor allem: Versuchen Sie gelassen zu bleiben, wenn andere Ihre wunden Punkte ansprechen. Oft reagiert man emotional, obwohl die anderen einen gar nicht verletzen wollten. Gehen Sie Ihrem inneren Kritiker nicht aus dem Weg, sondern begegnen Sie ihm bewusst und hören sich an, was er zu sagen hat. Begrenzen Sie aber die Sprechzeit, damit er nicht übermächtig wird, und trauen Sie sich auch, zu widersprechen. Vielleicht hilft es Ihnen, Ihre wunden Punkte aufzuschreiben oder mit Freunden darüber zu reden.

Auf einen Blick

→ **Andere kritisieren:** Verpacken Sie Ihre Kritik in einen Wunsch, bleiben Sie sachlich und vermeiden Sie Vorwürfe. Vielleicht fällt Ihnen eine Begründung für Ihre Bitte ein. Sprechen Sie nicht zu viele Punkte auf einmal an und lassen Sie nach der ersten Wut etwas Zeit vergehen.

→ **Kritik annehmen:** Nehmen Sie nur die Kritik an, die Sie persönlich weiterbringt, und behalten Sie sich das Recht vor, über das Feedback nachzudenken. Schildern Sie Ihre Sichtweise, vermeiden Sie Schuldzuweisungen und Rechtfertigungen. Stellen Sie klar, wenn die Kritik zu weit geht.

→ **Der innere Kritiker:** Er achtet darauf, dass die persönlichen Wertmaßstäbe eingehalten werden. Wer ein geringes Selbstwertgefühl hat, hat einen starken inneren Kritiker. Nehmen Sie den inneren Kritiker an und begegnen Sie ihm offen. Er will Gutes für Sie. Lassen Sie ihm aber nicht zu viel Raum, sonst wird er übermächtig und Sie bekommen Minderwertigkeitsgefühle.

4.5 Konflikte

Nicht nur Kritik, sondern auch Konflikte gehören zum Berufsleben dazu. Von einem Konflikt spricht man, wenn für mindestens zwei Personen Denken, Fühlen oder Handeln unvereinbar sind. Häufig glauben die Betroffenen, dass der andere sie daran hindern würde, ihre Ziele zu erreichen. Zeiten, in denen Arbeitnehmer unter Zeitdruck stehen oder in denen Stellenabbau droht, sind besonders konfliktträchtig. Die nachfolgenden Schritte zeigen Ihnen auf, wie Sie mit Konflikten am besten umgehen.

1. Schritt: Konflikt analysieren
Seien Sie achtsam und sensibel, wenn Sie auch nur die kleinsten Anzeichen wahrnehmen, die auf einen Konflikt hindeuten. Wird ein Kollege nicht mehr gefragt, ob er mit zum Mittagessen kommt? Haben Sie das Gefühl, dass eine Ihrer Mitarbeiterinnen nicht mehr ausreichend informiert wird? Ist die Luft in manchen Büros spürbar zum Schneiden dick? Solche Warnsignale können helfen, einen Konflikt zu erkennen und rechtzeitig gegenzusteuern. Wenn Sie einen Konflikt wahrgenommen haben, versuchen Sie ihn näher zu begreifen: Wer sind die Beteiligten? Welche Lösungsmöglichkeiten bieten sich an? Wie weit ist der Konflikt schon fortgeschritten? Es gibt verschiedene Eskalationsstufen, die von leichten Dissonanzen über die offene Konfrontation bis hin zur

„Vernichtung um jeden Preis" reichen. Schätzen Sie ein, wo die Konfliktpartner stehen.

> Infobox
>
> **Jeder Konflikt hat einen Sach- und einen Beziehungsaspekt, auch wenn die Beteiligten darauf bestehen, dass es um eine rein sachliche Angelegenheit geht. Je mehr der Beziehungsaspekt überwiegt, umso mehr Emotionen sind mit im Spiel und umso schwieriger ist ein Konflikt zu lösen. Seien Sie deshalb besonders sensibel und einfühlsam.**

2. Schritt: Konflikt baldmöglichst ansprechen
Je eher Sie einen Konflikt ansprechen, umso größer ist die Wahrscheinlichkeit, dass Sie ihn zu aller Zufriedenheit lösen können. Auf den ersten Blick mag es Ihnen einfacher erscheinen, den Konflikt vorerst zu ignorieren oder unter den Teppich zu kehren, doch der Konflikt arbeitet unterschwellig weiter und staut sich an. Sie leiden persönlich darunter, wenn Sie den Grund Ihres Ärgers herunterschlucken, und letztendlich leiden auch Ihre Leistungsfähigkeit und das Klima im Betrieb. Sprechen Sie die Person z. B. folgendermaßen an: „Ich habe in letzter Zeit das Gefühl, dass wir beide eine ganz unterschiedliche Arbeitsweise haben und dass dadurch Differenzen entstehen, die sich negativ auf unsere tägliche Arbeit auswirken. Lass uns doch zusammen überle-

gen, was wir tun können, damit wir in Zukunft besser miteinander arbeiten können."

3. Schritt: Gemeinsam Lösungen für Konflikte suchen
Alle Involvierten sollten dabei sein, wenn eine Lösung für den Konflikt gesucht wird. Hören Sie sich die Sichtweise Ihrer Mitarbeiter in Ruhe an und lassen Sie sie Lösungsvorschläge machen. Beurteilen Sie die Vorschläge und wählen Sie gemeinsam die beste Möglichkeit aus, den Konflikt langfristig zu beseitigen. Idealerweise finden Sie eine Win-win-Lösung, von der alle Beteiligten profitieren. Auf keinen Fall dürfen Sieger und Verlierer zurückbleiben. Sorgen Sie immer für einen Konsens, mit dem alle leben können. Falls Sie allein nicht weiterkommen, organisieren Sie einen Mediator zur Konfliktbewältigung.

Infobox

Jeder Konflikt birgt auch eine Chance in sich. Die Beteiligten ordnen in der Regel bei der Konfliktbewältigung ihre Beziehungen zueinander neu und können sich wieder offen begegnen. Energie, die zuvor noch in den Konflikt gelegt wurde, wird frei und kann in Leistungsenergie umgemünzt werden.

Wenn sich abzeichnen sollte, dass eine Einigung in dem einen oder anderen Punkt einfach nicht möglich ist, sollten Sie das festhalten, statt sich wieder frustriert zu trennen. Sie könnten beispielsweise sagen: „Es ist schade, aber offenbar gibt es im Moment für uns beide keine Möglichkeit, diesen Konflikt aus der Welt zu schaffen. Lass uns versuchen, dass wir uns gegenseitig in dem, was uns stört, so wenig wie möglich auf die Nerven gehen." Wenn Sie beide in Zukunft Rücksicht aufeinander nehmen und den wunden Punkt ihres Gegenübers respektieren, dann haben Sie schon eine ganze Menge gewonnen.

Auf einen Blick

Konflikte entstehen, wenn mindestens zwei Personen unvereinbare Unterschiede im Denken, Fühlen oder Handeln aufweisen. Konflikte können anhand folgender Schritte am besten bewältigt werden:

- ➜ Konflikt analysieren
- ➜ Konflikt baldmöglichst ansprechen
- ➜ Gemeinsam nach einer Lösung für den Konflikt suchen

Bei Bedarf kann zur Konfliktbewältigung ein Mediator herangezogen werden. Wenn keine Einigung in Sicht ist, gilt das „Agreement to disagree": Die Parteien sind sich darüber einig, dass in dem einen oder anderen Punkt momentan keine Einigung erzielt werden kann, und respektieren dies.

5. Organisation und Ordnung

Sie haben sich selbst eingeschätzt, Ihre Ziele definiert und wissen, wie Sie sich motivieren können. Im vorigen Kapitel lernten Sie das Wichtigste über eine effektive Zusammenarbeit und die richtige Kommunikation. Sie sind also schon einen beachtlichen Weg hinsichtlich Ihres persönlichen Selbstmanagements gegangen.

Im folgenden Kapitel soll es nun um Organisation und Ordnung gehen. Beides sind Voraussetzungen dafür, dass Sie Ihre Ziele erreichen und Erfolg im Beruf haben. Lesen Sie hier, wie Sie am besten mit dem kostbaren Gut „Zeit" umgehen, wie Sie Prioritäten setzen, Ihren Schreibtisch in Ordnung halten, Ihre Ablage organisieren und Herr über die vielen Papierstapel werden.

5.1 Zeitmanagement

„Zeit ist Geld" – diesen Spruch bekommen bereits kleine Kinder zu hören. In der Schule und während des Studiums wächst die Bedeutung der Zeit und spätestens bei der ersten Anstellung wissen die meisten, dass Zeit ein äußerst kostbares Gut ist – und zwar weil man sie nicht kaufen kann und weil wir alle, ob Azubi oder Geschäftsführer, maximal 24 Stunden an sieben Tagen in der Woche zur Verfügung haben. Zeit ist tatsächlich wichtig und sie kann durch nichts ersetzt werden. Was man aber tun kann, ist, sie gut einzuteilen. Und dazu benötigt jeder sein persönliches Zeitmanagement. Zeitmanagement umfasst folgende Punkte:

- Ziele
- Prioritätenlisten
- Umgang mit Besuchern, Papierbergen und Telefon
- Meetings
- Delegieren

Wo bleibt die Zeit?

Was Zeit kostet	Folge	Verbesserungsvorschlag
mehrere Dinge gleichzeitig erledigen	verzetteln	eins nach dem anderen abarbeiten
auf den letzten Drücker arbeiten	Unter Druck passieren die meisten Fehler.	zu Beginn eines Projekts einen Zeitplan erstellen und sich daran halten
keine Strategie	Orientierungslosigkeit	vorher Plan entwerfen

Chaos und Unordnung	Suchen und wachsende Unzufriedenheit	Schreibtisch und Computer aufräumen
Wartezeiten	Leerlauf	immer Arbeit mitnehmen, z. B. eine Fachzeitschrift

Zeitfresser, Zeiträuber und Zeitfallen
Manchmal kommen sie fast unbemerkt auf leisen Sohlen daher, dann wieder sind sie so laut und unübersehbar, dass man sie am liebsten umgeht, indem man sie wieder und wieder vor sich herschiebt: Zeitfresser, Zeiträuber und Zeitfallen. Sie haben gemeinsam, dass sie kostbare Zeit rauben, die ohnehin begrenzt ist. Sie kommen in Form von unerwarteten Telefonaten, langen E-Mails, unangekündigten Besuchen oder spontanen Besprechungen und hindern uns daran, im Tagesgeschäft weiterzukommen. Lesen Sie hier, wie Sie am besten mit den gemeinen Dieben umgehen.

In **Zeitfallen** gerät man, wenn man vor Beginn einer Aufgabe oder eines Projekts die benötigte Zeit gar nicht oder falsch eingeschätzt hat. Das Projekt ufert aus und kostet viel mehr Zeit als geplant. Die Folge ist, dass man zunehmend unter Druck gerät, wenn der Abgabetermin eingehalten werden soll. Auch Tätigkeiten, die unerwartet an einen herangetragen werden, sind Zeitfallen.

Tipp: Kalkulieren Sie mehr Zeit für eine gründliche Planung ein – das wird sich auszahlen. Falls Sie dafür noch Informationen benötigen, scheuen Sie diesen Zeitaufwand nicht und holen Sie die nötigen Auskünfte ein. Sagen Sie auch einmal Nein zu Aufgaben, um sich auf Ihr Kerngeschäft konzentrieren zu können. Delegieren Sie Tätigkeiten. Und schreiben Sie zu Beginn eines Projekts die Etappenziele mit den jeweiligen Daten auf. Denn diese Daten können insgesamt flexibler gehandhabt werden als das feststehende Datum des Endziels.

Zeitfresser sind Tätigkeiten, die in der Regel nicht sehr beliebt sind, die aber gemacht werden müssen. Dazu gehören im Büroalltag beispielsweise kopieren, Ablage bearbeiten, Ordnung auf dem Computer schaffen, Schreibtisch aufräumen und im Privatleben Haushalt, Wäsche oder Einkauf erledigen. Wie bereits erwähnt, müssen zeitfressende Tätigkeiten erledigt werden, sie sollten aber nicht von der eigentlichen Arbeit abhalten und daher in einem akzeptablen Aufwand-Nutzen-Verhältnis stehen.

Tipp: Bleiben Sie vor allem zu Hause locker und lassen Sie auch einmal fünf gerade sein. Statt abends um 19:00 Uhr noch zum Supermarkt zu hetzen, können Sie genauso gut eine Pizza bestellen und in der gewonnenen Zeit das neueste Fachmagazin lesen. Schaffen Sie sich einen Wäschetrockner an, so sparen Sie sich das Aufhängen der Wäsche. Reinigen Sie jeden Tag die Armaturen in Bad und Küche, dann wirkt alles gleich viel sauberer. Putzen Sie Ihre Wohnung nicht häufiger als einmal pro Woche. Wenn Sie es sich leisten können, nehmen Sie eine Putzhilfe. Gehen Sie nur einmal pro Woche einkaufen statt jeden Tag. Bevorzugen Sie Obst und Gemüse, das länger haltbar ist, wie Äpfel, Birnen, Kartoffeln und Möhren. Die gewonnene Zeit nutzen Sie besser für Ihre Entspannung oder Ihr berufliches Fortkommen.

Zeiträuber sind meist unerwartete Ereignisse. Dazu gehört der private Telefonanruf sowie der Kollege, der zwei Becher Kaffee in der Hand hält und sich auf einen gemütlichen Plausch freut, aber auch die lange E-Mail von Frau Müller.

Tipp: Schalten Sie Ihre Sinne ein: Haben Sie das Gefühl, dass jemand auf Ihre Kosten seine Zeit ausfüllen möchte? Dann sollten Sie die Grenzen freundlich, aber bestimmt deutlich machen. Auch wenn es Ihnen gerade recht kommt, dass Frau Lang von der Buchhaltung Ihr Büro betritt, um Ihnen den neuesten Klatsch und Tratsch zu erzählen – gerade bei unbeliebten Aufgaben ist jede Ablenkung willkommen –, sollten Sie sich nicht aus dem Konzept bringen lassen. Erteilen Sie lieber eine nette

Absage und vertrösten die Kollegin auf die Mittagspause. Schaffen Sie sich – eventuell mithilfe Ihrer Sekretärin – Freiräume und achten Sie darauf, dass Sie Ihren Zeitplan einhalten. Sie sind derjenige, der es wieder ausbaden muss, wenn Sie sich die Zeit haben stehlen lassen.

Zeit sparen im Berufsleben

Es ist nicht einfach, Zeit zu sparen, aber es ist auch nicht unmöglich. Unsere Tipps helfen Ihnen dabei:

- Tragen Sie all Ihre Termine in einen elektronischen Kalender ein. So werden Sie rechtzeitig erinnert und verpassen keine Termine mehr. Schauen Sie spätestens jeden Freitag nach, was Sie in der folgenden Woche erwartet.
- Führen Sie für einen Zeitraum von vier Wochen ein Zeitprotokoll, in das Sie Ihre Aufgaben und die benötigte Zeit eintragen. So bekommen Sie schnell einen Überblick, wo Ihre Zeit bleibt. Was hat zu lange gedauert? Was können Sie delegieren? Was hat unnötig Zeit gekostet und kann in Zukunft von Ihnen unterbunden werden?
- Wenn Sie nur eine Viertelstunde früher aufstehen, können Sie 15 Minuten eher anfangen. Sie werden merken, dass die Arbeit frühmorgens besonders leicht von der Hand geht und dass Sie in der kurzen Zeit ganz ordentlich etwas wegarbeiten können.

- Stimmen Sie Aufgaben, auf die Sie sich besonders konzentrieren müssen, auf Ihren persönlichen Biorhythmus ab: Sie fallen immer ins Elf-Uhr-Loch? Um 15:00 Uhr können Sie kaum noch die Augen aufhalten? Zeiten, in denen Sie weniger leistungsfähig sind, sollten Sie für Routinetätigkeiten einplanen.
- Setzen Sie sich für jede Arbeit ein Zeitlimit, damit Sie sich nicht verzetteln und nicht unnötige Energie in die Aufgaben stecken.
- Machen Sie regelmäßig Pausen. Danach sind Sie wieder erfrischt und können konzentrierter weiterarbeiten.
- Kalkulieren Sie schon im Vorfeld Unterbrechungen ein.
- Räumen Sie sich für wiederholende Tätigkeiten wie Schreibarbeiten oder Ablage einen festen Termin in der Woche ein.
- Bündeln Sie Anfragen, die Sie an dieselben Ansprechpartner haben. So sparen Sie nicht nur Ihre Zeit, sondern auch die Ihres Gesprächspartners.
- Sagen Sie auch einmal Nein.
- Halten Sie Ordnung auf Ihrem Schreibtisch und halten Sie alle wichtigen Arbeitsgeräte griffbereit, damit Sie nicht viel Zeit mit Suchen vergeuden müssen.
- Führen Sie lieber ein kurzes Telefonat, anstatt eine Viertelstunde an einer E-Mail zu formulieren.
- Wenn Sie etwas tun, dann konzentrieren Sie sich ganz auf diese Sache.

- Reservieren Sie jeden Tag eine Stunde, in der Sie garantiert ungestört arbeiten können.

Aufschieben

Rainer F. muss noch ein Zeugnis für einen Praktikanten ausstellen, was insofern nicht besonders dringend ist, weil der Praktikant für ein halbes Jahr im Ausland ist. Aber Rainer F. schiebt die Arbeit nun schon seit zwei Monaten vor sich her. Jede Woche schreibt er „Zeugnis für Andreas" wieder neu in seine To-do-Liste und denkt, während er seine Hauptaufgaben erledigt, latent darüber nach, was er in das Zeugnis schreiben könnte. Aufraffen konnte er sich bisher noch nicht, obwohl das Schreiben des Zeugnisses in spätestens einer halben Stunde erledigt wäre. Rainer F. ist ein typischer Aufschieber.

Infobox

Jeder schiebt einmal eine Tätigkeit auf. Das Aufschieben ist aber keine gute Lösung, weil die Sache dadurch viel mehr Zeit kostet, als wenn man sie sofort erledigt würde. Zum einen denkt man unbewusst immer daran und kann sich weniger auf das Kerngeschäft konzentrieren. Zum anderen hat man dabei oft ein schlechtes Gewissen, was wiederum Zeit und Energie raubt. Versuchen Sie deshalb, Ihre Aufgaben baldmöglichst zu erledigen, um den Kopf wieder für andere Dinge frei zu haben.

Folgende Gründe führen zu der weitverbreiteten Aufschiebepraxis:

Gewohnheit: Manchmal ist aufschieben nicht mehr als eine schlechte Angewohnheit. In der Schule wurden Klassenarbeiten auf den letzten Drücker vorbereitet, während des Studiums vor der Abgabe von Hausarbeiten Nächte durchgearbeitet und bei der ersten Stelle ging es so weiter. Die Tage beginnen zumeist damit, dass erledigt wird, was vom Vortag liegen blieb. Wenn auch Sie zu den Gewohnheitstieren zählen, hinterfragen Sie Ihr Aufschieben. Versuchen Sie einmal, eine Aufgabe sofort zu erledigen. Sie werden staunen, wie gut es Ihnen damit geht!

Überlastung: Manchmal schiebt man eine Aufgabe vor sich her, weil man überlastet ist. Die alltägliche Arbeit nimmt einen gefangen, der Job frustriert. Oder man fühlt sich überfordert und weiß nicht, wie man die Arbeit angehen kann, und ahnt schon von Anfang an, dass man damit nicht fertig wird. Unterrichten Sie in diesem Fall rechtzeitig Ihren Vorgesetzten. Besprechen Sie gemeinsam, wie Sie weitermachen, und bringen Sie Lösungsvorschläge mit. Holen Sie sich alle erdenkliche Hilfe und delegieren Sie.

Sich drücken: Das Sichdrücken ist besonders bei unbeliebten Tätigkeiten, z. B. der Steuererklärung, beliebt. Man schiebt die Aufgabe jeden Tag vor sich her, weil man sie nicht gerne macht, versucht sie auszusitzen und irgendwie darum herumzukommen. In der Tat lassen sich manche Aufgaben auf Dauer aussitzen. Aber werden sie dann auch zu Ihrer Zufriedenheit gelöst? Es ist besser, wenn Sie proaktiv sind und die Sache selbst in die Hand nehmen. Seien Sie stolz auf sich, wenn Sie die Arbeit erledigt haben, und freuen Sie sich auf die folgenden, spannenderen Tätigkeiten, die jetzt kommen!

Vortäuschen: Manche reden sich ein, sie könnten nur unter Druck wirklich gute Arbeit leisten. Doch was macht der Programmierer, der in der Nacht vor dem Kundentermin das neue EDV-Programm fertigstellen wollte, wenn ihn plötzlich eine Magen-Darm-Grippe plagt? Dann gerät er in Panik und muss eingestehen, dass er die Deadline nicht einhalten kann. Glauben Sie den Menschen nicht, die Ihnen erzählen, dass Sie nur unter Druck hervorragende Leistungen vollbringen können. Das sind meistens nur Ausreden. Lassen Sie sich nicht darauf ein, denn irgendetwas kann immer dazwischenkommen. Machen Sie besser eine großzügige Terminplanung, die Ihnen auch Zeit für andere Aufgaben lässt, und freuen Sie sich darauf, die Tage vor der Präsentation ganz entspannt genießen zu können.

Tipps gegen die Aufschiebepraxis

- Machen Sie sich morgens gleich ohne Verzug und ohne Kollegenplausch an Ihre Arbeit.

- Führen Sie eine Prioritätenliste mit den aufgeschobenen Aufgaben und arbeiten Sie diese ab.
- Belohnen Sie sich, wenn Sie eine besonders unbeliebte Tätigkeit zu Ende brachten.
- Wechseln Sie schöne und schwierige Aufgaben ab.
- Bitten Sie Ihren Kollegen, Sie an einem festgelegten Datum zu fragen, ob Sie die Aufgabe erledigt haben.
- Denken Sie darüber nach, welche Konsequenzen das Verschieben im schlimmsten Fall haben kann.
- Nutzen Sie jeden noch so kleinen Zeitraum. Selbst in zehn Minuten können Sie einiges erledigen.
- Bleiben Sie abends 20 Minuten länger im Büro.
- Sorgen Sie bei langweiligen Tätigkeiten für Abwechslung: Hören Sie nebenher Radio, erledigen Sie die Aufgabe im Freien oder in einem Café, lassen Sie sich ein besonders leckeres Mittagessen kommen, machen Sie trockene Finanzpläne mit bunten Stiften farbiger, lesen Sie zwischendurch zwei Minuten lang Witze im Internet.
- Holen Sie Hilfe, wenn Sie nicht weiterwissen.
- Überdenken Sie allzu unrealistische Pläne.

Auf einen Blick

Da Zeit heutzutage knapp und teuer ist, ist ein durchdachtes Zeitmanagement Voraussetzung, um beruflich weiterzukommen.

- Von Zeitfallen spricht man, wenn man sich mit der benötigten Zeit verschätzt hat, Zeitfresser sind unpopuläre, aber notwendige Tätigkeiten, wie z. B. das Erledigen der Ablage, und Zeiträuber sind unerwartete Ereignisse, wie z. B. der Besuch einer Kollegin oder der Telefonanruf von einer Freundin.
- Zeit sparen können Sie unter anderem mithilfe eines elektronischen Kalenders oder eines Zeitprotokolls. Wenn Sie zudem Ihre leistungsstarken Zeiten berücksichtigen und Anfragen an Geschäftspartner bündeln, haben Sie schon viel Zeit gewonnen.
- Meist ist es wenig hilfreich, unbeliebte Tätigkeiten immer wieder zu vertagen. Die Gründe für das Aufschieben können Gewohnheit, Überlastung, Sichdrücken oder Vortäuschen sein.

5.2 Zeitsparmethoden

Es ist schon wieder Feierabend und Sie haben erst einen geringen Teil Ihrer To-do-Liste abgearbeitet? Ärgern Sie sich, weil die Zeit wie im Fluge vergangen ist? Hier lesen Sie, wie Sie mithilfe von Prioritätensetzung, dem Paretoprinzip und der ALPEN-Methode Zeit sparen können.

Prioritäten setzen

Nicht alle Aufgaben des Tagesgeschäfts sind gleich wichtig. Deshalb empfiehlt es sich, die zu erledigenden Tätigkeiten zunächst nach dem Wichtigkeitsprinzip zu ordnen. Auf diese Weise können Sie sicherstellen, dass Sie die dringendsten Aufgaben zuerst erledigen, und gleichzeitig besser mit Ihrer Zeit haushalten.

Teilen Sie Ihre Arbeiten in die Prioritäten A, B und C ein. Zur Gruppe A gehören besonders wichtige und dringende Aufgaben, aber auch Aufgaben, für die Sie sich sehr konzentrieren müssen. Gruppe B enthält grundlegende Arbeiten von mittelmäßiger Dringlichkeit und Gruppe C Routinetätigkeiten wie beispielsweise die Ablage oder das Sortieren von E-Mails.

Infobox

Verzichten Sie darauf, all Ihre Arbeiten mit einer unterschiedlichen Prioritätsstufe zu bewerten. Die Einteilung in die drei Klassen A, B und C genügt. Ansonsten laufen Sie Gefahr, zu viel Zeit mit der Zuordnung der Prioritäten zu vergeuden.

Stellen Sie nun jeweils am Vorabend eine Liste mit den Aufgaben für den nächsten Tag zusammen. Schreiben Sie dabei nicht mehr als zehn verschiedene Tätigkeiten auf, die Sie aller Wahrscheinlichkeit nach an einem Tag abarbeiten können. Teilen Sie diese Aufgaben in die Prioritäten A, B und C ein. Planen Sie dabei maximal drei bis vier Aufgaben der Priorität A ein. Der Rest sollte aus den Prioritäten B und C bestehen.

Anschließend sollten Sie die zu erledigenden Aufgaben auch nach Ihrem Nutzen bewerten: **hoch** (Arbeiten mit hoher Rentabilität, z. B. der Entwurf einer neuen Sales-Kampagne); **negativ** (Arbeiten mit geringem Nutzen, deren weitere Hinauszögerung aber negative Folgen hätte, z. B. die Bitte um Fristverlängerung beim Finanzamt); **mittel** (wiederkehrende tägliche Arbeiten, die zum Kerngeschäft zählen, z. B. das Anfertigen von Entwürfen oder die Erledigung der Buchhaltung); und **niedrig** (Arbeiten niedriger Rentabilität, z. B. das mehrmalige Nachrechnen von Zahlen, das Ausfeilen eines Briefes). In Zukunft sollten Sie versuchen, täglich zumindest eine Arbeit von hoher Rentabilität zu erledigen.

Der letzte Schritt besteht darin, herauszufinden, zu welchen Zeiten Sie persönlich am effektivsten und konzentriertesten arbeiten. In diese Zeiten sollten Sie Aufgaben der Priorität A und/oder solche mit hohem Nutzen legen. In Zeiten, in denen Sie Ihre Tiefs haben, können Sie Routinearbeiten erledigen.

Paretoprinzip

Das Paretoprinzip entwickelte der aus politischen Gründen nicht unumstrittene italienische Ingenieur, Soziologe und Ökonom Vilfredo Pareto (1848–1923). Beim Paretoprinzip handelt es sich um eine Wahrscheinlichkeitsverteilung, und zwar um die sogenannte 80:20-Regel. Diese besagt, dass 20 Prozent der eingesetzten Mittel 80 Prozent des Ergebnisses erreichen. Konkret heißt das beispielsweise, dass 20 Prozent aller Menschen 80 Prozent des Vermögens besitzen oder dass 20 Prozent aller Kunden 80 Prozent des Umsatzes bringen.

Auf das Zeitmanagement übertragen bedeutet das Paretoprinzip, dass 80 Prozent des Ergebnisses in nur 20 Prozent der zur Verfügung stehenden Zeit bearbeitet werden. Daraus folgt, dass für die restlichen 20 Prozent des Ergebnisses ganze 80 Prozent der Zeit benötigt werden.

Aus dem Paretoprinzip kann man also schließen, dass der Großteil der zur Verfügung stehenden Zeit, nämlich 80 Prozent, dafür gebraucht wird, um eher nebensächliche oder unwichtige Aufgaben zu erfüllen. Mit dem Einsatz von 80 Prozent der Zeit werden nur 20 Prozent des Ergebnisses erzielt. 20 Prozent der Zeit sind dagegen mit sehr wichtigen Aufgaben ausgefüllt, die 80 Prozent des Ergebnisses einbringen.

Versuchen Sie noch effektiver zu werden, indem Sie sich auf wichtige Aufgaben konzentrieren, die zu einem Großteil des Ergebnisses führen. Fragen Sie sich, welche

Ihrer Arbeiten einen großen Teil des Ergebnisses ausmachen, und teilen Sie Ihre Arbeiten dementsprechend in die drei Kategorien A, B und C ein.

Übung: Fertigen Sie für die kommende Woche einen Zeitplan an und tragen Sie ein, wie viel Zeit Sie für die Aufgaben der unterschiedlichen Kategorien benötigt haben:

Kategorie	Mo	Di	Mi	Do	Fr
A	1 Stunde				
B	3 Stunden				
C	4 Stunden				

Wenn Sie merken, dass Sie sehr viel Zeit für Aufgaben der Kategorie C benötigt haben, versuchen Sie die Zeit zu reduzieren und sich vermehrt Aufgaben der Kategorie A zuzuwenden. Lassen Sie sich nicht ablenken und bleiben Sie konzentriert bei der Sache. Überlegen Sie am Ende der Woche, wie Sie Ihre Zeit noch besser und effektiver einteilen und welche Aufgaben Sie delegieren können.

ALPEN-Methode

Die ALPEN-Methode ist ein Instrument, das hilft, den Tagesablauf effektiver und zeitsparender zu planen. Die

Methode stammt von dem deutschen Zeitmanagement-Experten Lothar J. Seiwert (geb. 1952) und wird auch in der klassischen Projektplanung angewandt.

> Infobox
>
> **Wenn Sie die ALPEN-Methode anwenden, brauchen Sie immer wieder ein bis zwei Minuten zwischendurch, um sich Notizen zu machen. Die Zeit, die Sie investieren, zahlt sich jedoch aus.**

Die ALPEN-Methode besteht aus fünf Schritten:

1. Aufgaben, Termine und Aktivitäten aufschreiben
2. Länge einschätzen
3. Pufferzeiten einplanen
4. Entscheidungen treffen
5. Nachkontrolle

1. **Aufgaben, Termine und Aktivitäten aufschreiben:** Nehmen Sie sich bereits am Vorabend Zeit für die Planung des nächsten Tages. So können Sie Ihren Arbeitstag ruhig ausklingen lassen und sich gedanklich schon auf den nächsten Morgen vorbereiten. Schreiben Sie auf einer To-do-Liste alles auf, was Sie am nächsten Morgen erledigen müssen.

2. **Länge einschätzen:** Tragen Sie hinter Ihre Aufgaben die Zeit ein, die Sie voraussichtlich dafür brauchen. Das Schätzen ist vor allem am Anfang nicht leicht,

aber Sie werden bald mehr Übung darin bekommen. Achten Sie darauf, dass Sie die geplante Zeit einhalten. Sie werden sehen, dass Sie Ihre Aufgaben mit der Zeitkontrolle bald schneller und effektiver lösen.

3. **Pufferzeiten einplanen:** Kein Tag kann komplett geplant werden. Auf jeder Arbeitsstelle gibt es unvermeidliche Unterbrechungen in Form von Besuchern oder Telefonaten. Planen Sie deshalb von vornherein Pufferzeiten ein. Verplanen Sie 60 Prozent der Zeit fest und lassen Sie 40 Prozent frei. Das bedeutet, dass bei einem Acht-Stunden-Tag höchstens fünf Stunden verplant werden können.

4. **Entscheidungen treffen:** Entscheiden Sie, bei welchen Tätigkeiten Sie Zeit kürzen können. Bestimmen Sie, welche Aufgaben Sie delegieren können. Legen Sie die Prioritäten Ihrer Aufgaben fest: A (wichtig und dringend), B (wichtig, aber weniger dringend) und C (weniger wichtig).

5. **Nachkontrolle:** Schreiben Sie alle Aufgaben, die Sie erledigen müssen, auf eine To-do-Liste und arbeiten Sie sie entsprechend der Prioritäten ab. Machen Sie sich auf alle Fälle Notizen, wie lange Sie für die einzelnen Schritte gebraucht haben, damit Sie in Zukunft Ihre Zeit noch besser managen können. Sie werden sich bald daran gewöhnen.

Auf einen Blick

Mit dem Setzen von Prioritäten, dem Paretoprinzip und der ALPEN-Methode lässt sich Zeit sparen.

- → Bei der Prioritätensetzung werden am Vorabend alle Aufgaben nach ihrer Priorität in die Gruppen A, B und C eingeteilt sowie nach ihrem Nutzen bewertet.
- → Das Paretoprinzip besagt, dass mit 20 Prozent der Zeit 80 Prozent des Ergebnisses erzielt werden können. Bevor Sie 80 Prozent der Zeit für die fehlenden 20 Prozent investieren, um beispielsweise ein Projekt perfekt zu machen, sollten Sie abwägen, ob es sich wirklich lohnt.
- → Die ALPEN-Methode hilft, den Tagesablauf zeitsparender und effektiver zu gestalten. Sie enthält die folgenden Punkte: Aufgaben, Termine und Aktivitäten aufschreiben, Länge einschätzen, Pufferzeiten einplanen, Entscheidungen treffen und Nachkontrolle.

5.3 Ordnung am Arbeitsplatz

Ein übersichtlicher und aufgeräumter Arbeitsplatz ist ein wichtiger Bestandteil des Selbstmanagements. Kaum jemand fühlt sich wohl, wenn er vor lauter Papierstapeln sein Gegenüber nicht mehr sieht, wenn er zehn

Minuten lang nach einem Locher suchen muss und sich in seiner Schreibtischschublade ein Sammelsurium aus kaputten Kugelschreibern, alten Fachzeitschriften, zerknüllten Quittungen, Hustenbonbons und Scheren befindet. Wie Sie Herr über Ihre Papierberge werden, Ihre Ablage in den Griff bekommen und einen aufgeräumten Schreibtisch beibehalten können, lesen Sie hier.

Schreibtisch

Es mag sein, dass sich der eine oder andere Künstler im Chaos zu Hause fühlt und er nur in einer chaotischen Umgebung wirklich kreativ arbeiten kann. Normalerweise aber beeinträchtigt ein unaufgeräumter Schreibtisch zielgerichtetes Arbeiten. Wer vor Arbeitsbeginn erst einmal mehrere Stapel verschiedenster Dinge – beispielsweise Bücher, Zeitschriften oder Briefe – wegräumen muss, bekommt schon morgens schlechte Laune.

Infobox

Räumen Sie Ihren Schreibtisch jeden Abend vor dem Verlassen Ihres Arbeitsplatzes auf. So setzen Sie sich am nächsten Tag an einen ordentlichen Schreibtisch und können gleich durchstarten.

Viel Zeit und Energie geht häufig bei der Suche nach Büromaterial wie Schere, Klebstoff oder Radiergummi verloren. Halten Sie deshalb Ordnung auf Ihrem Schreibtisch und schaffen Sie sich einen kleinen Behälter für die

Schreib- und Arbeitsgeräte an, die Sie ständig brauchen. Bringen Sie leere Kaffeetassen nach Gebrauch in die Küche zurück.

Infobox

Auf dem Schreibtisch sollten nur Dinge stehen, die häufig gebraucht werden, wie der PC, das Telefon, ein Terminplaner, eine aktuelle Projekt- oder Arbeitsmappe und die wichtigsten Schreibutensilien. Alles andere kann in die Schublade oder in Hängeschränke geräumt werden.

Sorgen Sie dafür, dass Sie alles, was Sie regelmäßig brauchen, so aufbewahren, dass Sie jederzeit darauf zurückgreifen können, ohne aufstehen zu müssen. Legen Sie sich Ihre privaten Dinge wie Kopfschmerztabletten, Papiertaschentücher, Müsliriegel, Kaugummi oder Teebeutel etc. in eine Extraschublade, in die nichts Berufliches kommt. Entrümpeln Sie den Schreibtisch und die Schubladen regelmäßig und werfen Sie Dinge weg, die unnütz geworden oder kaputt sind. Das Wegwerfen schafft ein befreiendes Gefühl und Platz für Neues.

Infobox

Legen Sie sich ein Ideenbuch zu, in das Sie Notizen machen, sobald Ihnen etwas einfällt. Alle 14 Tage können Sie Ihr Ideenbuch durchgehen und sich überlegen, über welchen Einfall es sich weiter nachzudenken lohnt.

Papierstapel

Schreibtische, die unter Papierstapeln fast zusammenbrechen, sind kein ungewöhnlicher Anblick. Briefe, Prospekte, Messekataloge und Fachzeitschriften liegen auf manchen Bürotischen mehr oder weniger unsortiert nebeneinander. Obwohl sich die elektronische Form immer mehr durchsetzt, gibt es immer noch Informationen, die auf Papier gedruckt sind. In der Regel sieht man sich die Mitteilungen an, wenn man sie zum ersten Mal in den Händen hält, beispielsweise beim täglichen Durchsehen der Post. Stößt man nach einigen Tagen wieder darauf, liest man sie noch einmal kurz durch, weil man inzwischen vergessen hat, worum es ging, und ordnet sie eventuell in einen vorsortierten Stapel ein. Bevor die Unterlagen dann endgültig abgelegt werden, müssen sie noch einmal gelesen werden. Auf diese Weise geht Tag für Tag viel Zeit verloren. Die WEWA-Methode (wegwerfen, erledigen, weitergeben, Ablage) hilft Ihnen dabei, dass hereinkommende Papiere nicht mehr zu Zeitfressern werden:

Wegwerfen: Seien Sie mutig und werfen Sie Papier, das mittelfristig keinen Nutzen hat, sofort in den Papierkorb. Trennen Sie sich von der Vorstellung, Sie könnten es später noch brauchen. Wenn Sie Zweifel haben, überlegen Sie, was im schlimmsten Fall passieren kann, wenn Sie es wegwerfen. Entsorgen können Sie z. B. alte Messekataloge, Einladungen für Seminare, die Sie nicht besuchen, wöchentliche Rundschreiben oder Werbung.

Erledigen: Erledigen Sie sofort, was schnell zu machen ist, beispielsweise eine Faxbestätigung zur Jubiläumseinladung. Was etwas länger braucht, kommt in die „To-do-Mappe", die sichtbar auf dem Schreibtisch liegt und möglichst noch am selben Tag abgearbeitet wird. Legen Sie in diese Mappe auch Papiere, bezüglich deren Nutzen Sie noch unsicher sind.

Weitergeben: Prüfen Sie, welche Papiere Sie gleich weitergeben können, z. B. die Kundenbeschwerde an den Kundenservice, die Presseanfrage an die PR-Abteilung. Legen Sie auch für diese Fälle eine Mappe an, die nach Mitarbeitern aufgeteilt ist.

Ablage: In der Regel können Informationen, bei denen keine weitere Aktion erforderlich ist, sofort in die Ablage bzw. in die Ablagemappe, wie etwa die Benachrichtigung der Geschäftsleitung über die neue Dependance in Stockholm.

Sie werden sehen, dass Sie mit der WEWA-Methode nicht nur Zeit sparen, sondern auch den Überblick behalten.

Weitere Tipps gegen Papierberge

- Legen Sie alles, was Sie zwar lesen müssen, um auf dem Laufenden zu bleiben, was aber nicht dringlich ist (Fachzeitschriften, Artikel, Pressemitteilungen), in ein Extrafach. Wenn Sie Wartezeit überbrücken müssen, können Sie schnell den einen oder anderen Artikel lesen.

- Klebehaftzettel sind praktisch, aber häufig sind Bildschirme mit alten Haftnotizen überladen. Vermeiden Sie diese Zettel. Wenn Sie in der Eile eine Telefonnummer darauf geschrieben haben, übertragen Sie diese danach in Ihr Adressverzeichnis. Dann müssen Sie nicht mehr nach ihr suchen. Außerdem ist eine Telefonnummer ohne Namen nutzlos.
- Gewöhnen Sie es sich an, wichtige Dinge in ein Notizbuch zu schreiben. So haben Sie Ihre Informationen immer bei der Hand.
- Fordern Sie bei längeren Berichten eine Zusammenfassung an oder bitten Sie Ihren Assistenten, das Wichtigste mit einem Textmarker anzustreichen.
- Gewöhnen Sie es sich an, Texte zu überfliegen: Lesen Sie Überschriften und Zwischenüberschriften und scannen Sie den Text nach Schlüsselwörtern ab, die für Sie von Interesse sind. Wenn Sie das eine Zeit lang gemacht haben, bekommen Sie Übung.
- Reservieren Sie sich täglich eine feste Zeit für Ihre Papierberge.

Ablage

Vermutlich kommt ein nicht unerheblicher Teil Ihrer täglichen Papierberge zuerst in den Ablageordner und früher oder später in die Ablage. Für Ihre Ablage können Sie zwischen drei verschiedenen Systemen wählen:

Hängeregister: Hängeregister nutzen den Platz optimal aus. Es gibt die Mappen mittlerweile auch in verschiedenen Farben. Wählen Sie die Größe entsprechend der Standardpapiergröße in Ihrem Büro.

Hängeregister und Aktenschränke: Dieses System ist nach den Längsseiten geöffnet und besonders für Schreibtisch-Seitenteile geeignet. Vorteil: Sie haben einen schnellen Überblick. Nachteil: Vor allem in kleineren Büros verursacht das Herausziehen der Register oft ein Platzproblem.

Offene Regale: Hier liegen die Papiere mit der schmalen Seite nach vorn in einer Ablage. Das System eignet sich gut, wenn Sie häufig an Ihre Akten müssen. Vorteil: Sie müssen keine Schubfächer öffnen. Nachteil: Die Mappen verstauben schnell und sehen nicht so schön aus.

Infobox

Sehen Sie regelmäßig Ihre Ablagemappen Blatt für Blatt durch: Was können Sie wegwerfen? Kann ein Teil davon in die Endablage (Keller oder ähnlicher Raum)? Was kann in der Mappe bleiben? Was muss in eine andere Mappe?

Abschließend haben wir noch einige Tipps für die Ablage für Sie zusammengestellt:

- Schreiben Sie auf jedes Papier, das Sie erhalten, gleich Datum und Quelle.

- Wenn Sie Papiere haben, die in zwei unterschiedliche Mappen passen, kopieren Sie das Papier, sodass die Information in jeder Mappe ist.
- Wählen Sie den richtigen Zeitpunkt für die Ablage: Wer zu schnell ablegt, hat vielleicht aktuelle Informationen nicht mehr zur Hand, wer zu spät ablegt, riskiert eine zu dicke Ablagemappe.
- Tackern Sie zusammen, was zusammengehört, oder bündeln Sie mithilfe von Büroklammern.
- Nummerieren Sie die Seiten wie folgt, um sicher zu sein, dass die Informationen vollständig sind: 1/3, 2/3, 3/3.
- Legen Sie für jedes neue Projekt gleich eine neue Mappe an.

Auf einen Blick

Ordnung am Arbeitsplatz hilft beim Zeitsparen.

→ Auf dem Schreibtisch sollten nur Dinge sein, die häufig gebraucht werden.

→ Schubladen müssen regelmäßig entrümpelt werden und Privates muss von Beruflichem getrennt sein.

→ Papierstapel können nach der WEWA-Methode bearbeitet werden: wegwerfen, erledigen, weitergeben, Ablage.

→ Als Ablagesystem gibt es Hängeregister, Hängeregister mit Aktenschränken und offene Regale.

6. Probleme und ihre Bewältigung

Wenn Sie das vorliegende Buch bis zu dieser Stelle durchgearbeitet haben, haben Sie schon sehr viel für Ihr Selbstmanagement im Beruf getan. Sie haben sich eingeschätzt, Ihre Ziele definiert, Sie wissen, wie Sie sich motivieren, wie Sie am besten kommunizieren und wie Sie den Büroalltag reibungslos organisieren können.

Doch trotzdem können Schwierigkeiten auftreten, die das Selbstmanagement behindern. Lesen Sie hier, wie Sie mit Unterbrechungen, Alibitätigkeiten, Perfektionismus und Misserfolgen klarkommen. In den letzten beiden Unterkapiteln erfahren Sie, wie Sie mit Stress umgehen können und was man unter dem Burnout-Syndrom versteht.

6.1 Unterbrechungen

Bettina L. erstellt den Geschäftsbericht für das Feinmechanik-Unternehmen, bei dem sie tätig ist. Sie sitzt gerade eine Viertelstunde an der Arbeit, als ihre Kollegin ins Zimmer kommt und sich ungefragt auf den Besucherstuhl setzt. „Guten Morgen, Bettina. Wie war dein Wochenende? Ich habe vielleicht etwas erlebt ..." Bettina L. ist froh, dass sie die Kollegin nach zehn Minuten wieder hinausbugsieren kann. Kurz danach kommt der Frühstücksservice und fragt nach ihren Wünschen. Bald darauf klingelt das Telefon und ein besonders gesprächiger Geschäftspartner will mit ihr reden. Als sie endlich auflegt, ruft sie ihre E-Mails ab. Als sie sich wieder ihrer Arbeit widmen möchte, klingelt ihr Handy. Ihre Freundin Sabine hat Probleme mit ihrem Mann und möchte sich bei Bettina ausheulen.

Unterbrechungen gehören zum Berufsleben dazu. Es gibt aber Möglichkeiten, sie so zu gestalten, dass sie nicht allzu viel Zeit in Anspruch nehmen.

Infobox

Lassen Sie sich nicht mehr als nötig unterbrechen. Denken Sie an Ihre Prioritätenliste, Ihren Zeitplan und die Konsequenzen, die bei Nichteinhaltung eintreten. Führen Sie einen Monat lang Buch über die Unterbrechungen und finden Sie anhand Ihrer Aufzeichnungen heraus, wie Sie die Störer noch besser im Zaum halten können.

So gehen Sie mit unerwarteten Besuchern um

Häufig klopft es an der Bürotür, wenn man es gerade überhaupt nicht brauchen kann. Allein das Klopfen ist eine Unterbrechung der Arbeit. Sagen Sie „Einen Moment, bitte" und halten Sie Ihre Gedanken auf einem Notizblock fest, bevor Sie sich dem Besucher zuwenden.

Bleiben Sie im Gespräch kurz und zurückhaltend, sagen Sie freundlich, aber bestimmt: „Im Moment habe ich gar keine Zeit. Können wir uns morgen zusammensetzen?" Wenn Sie den Besucherstuhl entfernen, ist die Versuchung nicht so groß, dass Ihre Gäste lange bleiben. Vermeiden Sie Small Talk („Na, wie war denn dein Wochenende?"), sonst kommen Sie vor einer halben Stunde nicht wieder zu Ihrer eigentlichen Arbeit.

Infobox

Wenn Sie eine Sekretärin oder Assistentin haben, bitten Sie diese, unangekündigte Besucher mit den Worten „Herr M. ist gerade beschäftigt" abzublocken. Falls das keine Wirkung zeigt, könnte Ihre Sekretärin sagen: „Er hat gerade wirklich zu tun. Möchten Sie trotzdem, dass ich störe?" Wenn Sie keine Sekretärin haben, können Sie ein „Bitte nicht stören"-Schild an der Tür anbringen.

Eine wichtige Rolle für Unterbrechungen spielt, ob Sie Blickkontakt zu Mitarbeitern haben, die an Ihrem Büro vorbeigehen. Stellen Sie Ihren Schreibtisch so, dass Sie nicht zur Tür schauen und somit mit Angestellten, die vorbeigehen, keinen Blickkontakt aufnehmen können. So kommen diese gar nicht in Versuchung, in Ihr Büro zu treten. Falls Sie den Schreibtisch nicht umstellen können, schließen Sie einfach Ihre Bürotür – zumindest wenn Sie sich konzentrieren müssen.

Infobox

Gehen Sie lieber zu Ihren Gesprächspartnern, statt sie bei sich zu empfangen. Dann können Sie gehen, wann Sie möchten.

So halten Sie sich unwillkommene Anrufe fern
Das Telefon ist ein unerlässliches Arbeitsgerät unserer Zeit. Aber wenn abwechselnd das Festnetztelefon, das Bürohandy und das private Mobiltelefon klingeln, kommt man nicht mehr zum Kerngeschäft. Seien Sie zurückhaltend mit der Weitergabe Ihrer Mobiltelefonnummer, sowohl der privaten als auch der geschäftlichen. Bitten Sie Ihre Freunde und Ihre Familie, Sie nur in absoluten Ausnahmefällen auf dem Handy anzurufen. Lassen Sie Anrufe soweit möglich von Ihrer Sekretärin filtern. Falls ein Durchstellen zu Ihnen unerlässlich ist, lassen Sie sie vorher fragen, worum es geht. Natürlich gibt es Personen, für die Sie immer zu sprechen sein müssen. Fertigen Sie eine Liste von diesen Personen an und geben Sie diese Ihrer Sekretärin. So werden sich telefonische Unterbrechungen in Zukunft in Grenzen halten.

Auf einen Blick

→ Unterbrechungen sind oft unvermeidlich, sollten sich aber in Grenzen halten. Wenn Sie

Hemmungen haben, die Unterbrecher zurückzuweisen, denken Sie an Ihre Prioritätenliste, Ihren Zeitplan und die Konsequenzen, die eintreten, wenn Sie mit Ihren Aufgaben nicht fertig werden.

→ Sagen Sie unerwarteten Besuchern, dass Sie nur begrenzt Zeit haben, und lassen Sie sich keinesfalls auf Small Talk ein. Bitten Sie Ihre Sekretärin, Gäste abzublocken und entfernen Sie den Besucherstuhl aus Ihrem Büro. Stellen Sie den Schreibtisch so, dass Sie keinen Blickkontakt mit vorbeigehenden Kollegen haben.

→ Um unerwartete Anrufe zu reduzieren, sollten Sie mit der Weitergabe Ihrer Telefonnummern zurückhaltend sein. Bitten Sie Ihre Sekretärin, Anrufer abzublocken bzw. herauszufinden, worum es geht. Geben Sie Ihr eine Liste mit den Personen, für die Sie jederzeit erreichbar sind.

6.2 Alibitätigkeiten

Alibitätigkeiten sind Arbeiten, die man anstelle wichtigerer Aufgaben erledigt. Oft scheut man sich davor, diese anderen Tätigkeiten anzupacken, und verliert sich zum Teil in unwichtigen und unnötigen Arbeiten, um nicht das wirklich Wichtige zu beginnen oder zu Ende zu führen. So beruhigt man sich selbst und bekommt kein schlechtes Gewissen.

Infobox

Neigen Sie auch zu Alibitätigkeiten? Führen Sie Buch darüber, vor welchen Aufgaben sie sich besonders scheuen. Überlegen Sie, warum Sie diese Aufgaben nicht angehen möchten. Sind Sie über- oder unterfordert? Sprechen Sie mit Ihrem Vorgesetzten und scheuen Sie sich nicht, Hilfe zu holen. Manchmal hilft auch eine Schulung, um auf bestimmten Gebieten sicherer zu werden. Versuchen Sie sich fest an Ihre Prioritätenliste zu halten. Wechseln Sie angenehme mit unangenehmen Arbeiten ab. Und was besonders motivierend ist: Belohnen Sie sich, wenn Sie eine Aufgabe erledigt haben, vor der Sie sich sonst mit Alibitätigkeiten drücken.

Nadine K. ist Sachbearbeiterin und muss ein Angebot schreiben – eine Aufgabe, die sie nicht gerne erledigt. Sie hat noch etwas Zeit und hält sich mit Aufgaben der Priorität C auf, um das Angebot nicht erstellen zu müssen. Sie telefoniert mit ihrer Kollegin aus der Buchhaltung wegen einer beruflichen Sache und unterhält sich dabei ausgiebig mit ihr über das Wochenende. Dann putzt sie zum wiederholten Mal ihren Schreibtisch, bringt ihr Adressverzeichnis auf Vordermann und liest sich die Bedienungsanleitung ihres Telefons durch. Das Angebot schreibt sie erst, nachdem der Chef sie zweimal daran erinnert hat.

Es ist nicht ungewöhnlich, dass Alibitätigkeiten unbeliebten Aufgaben vorgezogen werden. Nicht nur sich selbst gegenüber hat man so ein besseres Gewissen, auch Kollegen und Vorgesetzte glauben, dass man fleißig ist, und halten sich so mit Nachfragen zurück.

Wenn Sie trotz Prioritätenliste immer noch zu Alibitätigkeiten neigen, gibt es einen Trick, der Sie dazu zwingt, Aufgaben fristgerecht zu erledigen: Sagen Sie Ihren Kollegen, Mitarbeitern oder Vorgesetzten Bescheid, wann Sie die Arbeit besprechen möchten. Z. B. können Sie Ihrem Kollegen sagen: „Ich bereite bis Donnerstag Früh das Marketingkonzept vor. Lass uns dann am Donnerstagnachmittag darüber reden." Oder Sie teilen Ihren Mitarbeitern mit: „Am Dienstag treffen wir uns, um den Zwischenstand für das neue Projekt zu diskutieren." Sie können auch an einen Partner, der eine entsprechende Tätigkeit von Ihnen erwartet, eine E-Mail mit folgendem Inhalt schicken: „Sehr geehrter Herr Schmidtbauer, vielen Dank für Ihre Anfrage. Ich werde Ihnen bis kommenden Mittwoch, 10:00 Uhr, ein Angebot erstellen und per E-Mail zukommen lassen." So sind Sie gezwungen, die Aufgaben zu erfüllen, und Alibitätigkeiten haben keine Chance mehr.

Auf einen Blick

- Alibitätigkeiten sind Arbeiten, die anstelle wichtigerer Aufgaben ausgeführt werden, vor denen man sich aus irgendeinem Grund drücken möchte. So hat man ein relativ gutes Gewissen, weil man beschäftigt ist, und spielt gleichzeitig Vorgesetzten, Mitarbeitern und Kollegen vor, gerade viel zu tun zu haben.
- Wer öfter Alibitätigkeiten ausübt, sollte sich fragen, wieso er die wichtigere Aufgabe scheut. Es kann hilfreich sein, Buch über Alibitätigkeiten zu führen und herauszufiltern, wovor man sich besonders häufig drückt. Manchmal hilft es schon, gemeinsam mit dem Vorgesetzten oder den Kollegen die Arbeit zu besprechen. Abwechslung hinsichtlich der Aufgaben und selbst gesetzte Kontrolle können Alibitätigkeiten auf ein Minimum reduzieren.

6.3 Perfektionismus

Perfektionisten möchten alles nicht 100-prozentig, sondern 150-prozentig erledigen. Sie lieben das Detail und verzetteln sich oft in unnötigen Einzelheiten, die für das Ergebnis von untergeordneter Rolle sind. Wer perfektionistisch ist, setzt sich selbst unter Druck, weil das Ergebnis nicht gut, sondern hervorragend sein soll. Wenn Perfektionisten doch einmal Fehler unterlaufen, leiden sie sehr darunter und können es sich kaum verzeihen. Sie neigen dazu, selbst bei belanglosen und unwichtigen Briefen Entwürfe zu machen, und gehen die fertigen Arbeiten vor Abgabe mehrfach durch, um ja keinen Fehler zu übersehen. Dass das Ergebnis dabei nicht immer besser wird, übersehen sie. Sie übertreiben ihre Genauigkeit bei Details und verlieren dabei häufig den Blick für das Ganze. Das kann dazu führen, dass sie stundenlang an einer knackigen Überschrift herumformulieren, während auf dem Schreibtisch das Chaos herrscht.

Perfektionisten haben Schwierigkeiten damit, Aufgaben zu delegieren, weil sie insgeheim davon ausgehen, dass sie niemand so gut erledigen kann wie sie selbst. Sollten sie dennoch einmal zum Delegieren gezwungen sein, so bleiben Perfektionisten misstrauisch und kontrollieren ständig die Arbeit der anderen. Perfektionisten stellen also nicht nur an sich selbst hohe Ansprüche, sondern auch an Ihr Umfeld. Das äußert sich darin, dass Perfektionisten häufig ihre Mitmenschen kritisieren.

Infobox

Perfektionismus kann dazu führen, dass das Fertigstellen von Aufgaben immer wieder aufgeschoben wird, weil man fürchtet, dem eigenen Anspruch nicht gerecht zu werden.

Ursachen

Die Ursachen für Perfektionismus sind vielfältig. Manchmal sind Perfektionisten mit sehr hohen Ansprüchen erzogen worden und haben schon als Kind gelernt, dass sie nur geliebt werden, wenn sie statt einer Drei eine Zwei oder Eins in der Klassenarbeit schreiben.

Häufig liegt dem Perfektionismus ein fehlendes Selbstvertrauen zugrunde. Durch Selbstunsicherheit haben die Betroffenen Probleme damit, ihre eigenen Fähigkeiten einzuschätzen, und können nicht sagen, wann die Arbeit gut genug ist, um sie abzuschließen. Perfektionisten haben oft ein negatives Selbstbild und suchen immer wieder nach Fehlern bei sich. Sie tun sich schwer damit, Lob anzunehmen. Die folgenden Tipps helfen Ihnen, in Zukunft nicht mehr in die Perfektionismusfalle zu tappen:

- Denken Sie an das Paretoprinzip bzw. die 80:20-Regel: Sie können 80 Prozent der Aufgabe in nur 20 Prozent der Zeit erfüllen. Wägen Sie gut ab, ob es sich wirklich lohnt, für die restlichen 20 Prozent des Ergebnisses 80 Prozent Ihrer Zeit aufzuwenden.
- Halten Sie sich immer vor Augen, was Ihre Arbeitszeit das Unternehmen kostet.
- Finden Sie ein Ende bei Ihrer Arbeit. Durch ständiges Korrigieren wird die Arbeit nicht unbedingt besser – es kann sogar sein, dass Sie sie „verschlimmbessern".

- Überlegen Sie genau, in welchem Verhältnis Aufwand und Nutzen stehen.
- Denken Sie darüber nach, ob es nicht einen anderen Weg gibt, um zu einem ähnlich guten Ergebnis zu kommen. Vielleicht können Sie delegieren oder sich Unterstützung bei Kollegen oder Vorgesetzten holen.
- Gestehen Sie sich auch einmal Fehler ein.
- Nehmen Sie sich lieber zu wenig als zu viel vor. Wer sein Tagespensum nicht geschafft hat, ist frustriert.
- Hören Sie auf Ihre innere Stimme: Fragen Sie sich vor einer Arbeit, wie wichtig es Ihnen ist, dass Sie diese gut erledigen. Überlegen Sie sich immer wieder, ob der Stand der Arbeit Ihnen so genügt, wie er jetzt ist.

Auf einen Blick

→ Perfektionisten wollen ihre Arbeit nicht nur gut, sondern hervorragend machen. Sie stellen höchste Ansprüche an sich selbst und gestehen sich keine Fehler zu. Perfektionisten sind detailverliebt und haben Probleme damit, Aufgaben zu delegieren, weil sie der Meinung sind, dass die anderen sie nicht so gut machen wie sie selbst. Manchmal führt Perfektionismus zum Aufschieben, aus Angst, dass die Arbeit nicht optimal erfüllt werden kann.

- Die Ursachen für Perfektionismus können schon in der Kindheit liegen. Oft leiden Perfektionisten unter einem geringen Selbstwertgefühl.
- Gegen Perfektionismus hilft, sich die 80:20-Regel vor Augen zu halten und Aufwand und Nutzen abzuwägen. Perfektionisten sollten lernen, sich Unterstützung zu holen und auf ihre innere Stimme zu hören. Es kann hilfreich sein, sich weniger vorzunehmen und sich auch einmal Fehler einzugestehen.

6.4 Misserfolge

Nicht immer läuft beruflich alles nach den eigenen Vorstellungen. Fehlschläge, Misserfolge und Scheitern gehören jedoch zum Berufsleben dazu, genau wie erreichte Ziele, Erfolge, Beförderungen und Karrieresprünge. Misserfolge sind aber immer noch ein Tabuthema. Viele meinen, sie müssten Fehlschläge kaschieren, oder leiden unter Schamgefühlen, wenn ihnen beispielsweise gekündigt wurde.

Versuchen Sie aus Ihren Niederlagen zu lernen. Verdrängen Sie deshalb diese Tiefs nicht. Natürlich müssen Sie nicht gerade in Ihren Bewerbungen oder bei Vorstellungsgesprächen auf die Details eingehen. Aber bemühen Sie sich, Positives aus Ihren Fehlern zu ziehen. Es kann Ihnen nur helfen!

Wenn Sie beispielsweise in Ihrer letzten Stelle über- oder unterfordert waren, suchen Sie sich in Zukunft einen Job, der besser zu Ihren Kompetenzen passt. Wenn Sie das Gefühl haben, dass Sie häufig die Arbeit von anderen erledigten und letztendlich daran scheiterten, bemühen Sie sich in Ihrem nächsten Job von Anfang an darum, auch Nein zu sagen und Ihre ganz persönlichen Vorstellungen von der Stelle zu verwirklichen. Wenn Sie Schwächen haben, die Ihnen zum Verhängnis wurden, die Sie aber ausgleichen können, besuchen Sie Kurse und Seminare zu den entsprechenden Themen oder lassen Sie sich coachen. In vielen Branchen gibt es die Möglichkeit, sich einen Mentor zu nehmen, der oft gerade für Berufsanfänger eine große Hilfe ist. Sprechen Sie Ihren Berufsverband darauf an.

Infobox

Sie müssen sich keinesfalls als Versager fühlen, wenn sich beruflich einmal etwas nicht nach Ihren Wünschen entwickelt hat. Fast jeder, der eine beeindruckende Karriere hinter sich hat, musste auch die eine oder andere Niederlage einstecken. Wie das Gewinnen gehört auch das Scheitern zum Leben dazu. Und oft entwickelt sich aus einem vermeintlichen Misserfolg eine einmalige Chance.

Stecken Sie nach einer Niederlage keinesfalls den Kopf in den Sand. Vielleicht wissen Sie, dass gerade Studienabbrecher oft erstaunliche Karrieren hinlegen und dass die Noten des Abschlusszeugnisses keine Auskunft über ihre soziale Kompetenz, ihre Kreativität und ihren Umgang mit den täglichen Herausforderungen eines Berufs geben.

Infobox

Nach einer herben Niederlage tut Abstand gut. Wenn Sie in einem wichtigen Projekt gescheitert sind oder gar eine Kündigung erhalten haben, sollten Sie sich auf alle Fälle eine Auszeit gönnen. Am besten, Sie gehen für eine Zeit lang in Urlaub und bemühen sich, in dieser Zeit nicht aktiv an Ihren Misserfolg zu denken. Ihr Unbewusstes beschäftigt sich auf alle Fälle damit. Schreiben Sie danach alles auf, was Ihnen dazu einfällt, auch Ihre Träume. Suchen Sie die Fehler für den Misserfolg keinesfalls nur bei sich selbst, aber seien Sie auch selbstkritisch.

Manche haben sich nach einer Kündigung von Unternehmensseite selbstständig gemacht und leiten heute erfolgreiche Unternehmen. Suchen Sie sich Vorbilder und treten Sie in Kontakt mit anderen, die ihre Ziele bereits erreicht haben. Sprechen Sie mit Außenstehenden aus der Familie und dem Freundeskreis darüber. Falls Sie nach einigen Wochen immer noch massiv unter Ihrem Fehlschlag leiden, kontaktieren Sie einen Psychologen.

Auf einen Blick

Misserfolge sind genauso wie Erfolge ein Teil des Berufslebens und kein Grund, zu verzweifeln. Gewinnen Sie zunächst etwas Abstand und versuchen Sie sich mit Ihrem Scheitern nicht näher zu beschäftigen. Analysieren Sie dann – allein, im Freundeskreis, mit einem Mentor oder Coach – was schiefgelaufen ist und versuchen Sie, daraus zu lernen und in Zukunft ähnliche Fehler zu vermeiden. Seien Sie nicht zu streng mit sich und halten Sie sich immer vor Augen, dass Bilderbuchkarrieren heutzutage die große Ausnahme sind. Die meisten, die berufliche Erfolge erzielten, mussten auch einmal Misserfolge und Fehlschläge einstecken.

6.5 Stress

Stress (englisch: Druck, Anspannung) ist ein Symptom der heutigen Zeit. Kaum ein Anruf oder Besuch vergeht, bei dem nicht einer der beiden Gesprächspartner „Du, ich bin gerade im Stress" oder „Bei uns ist es gerade sehr stressig" oder „Wir haben hier im Büro zurzeit den vollen

Stress" sagt. Stress ist kein Einzelfall mehr, sondern wird immer häufiger zur Regel. Die ganze Welt scheint im Stress zu sein, ob Schüler, Studenten, Hausfrauen, Azubis, Rentner oder Manager. Viele halten Stress für normal, doch tatsächlich kann lang andauernder Stress gesundheitsschädlich sein und, wenn er nicht bewältigt wird, bis zum Burnout-Syndrom führen.

Stress kann interessanterweise sogar im Tierreich vorkommen und hat auch seinen berechtigten Sinn. In akuten Gefahrensituationen versetzt er Tiere oder Menschen in erhöhte Handlungsbereitschaft.

Muskeln, Kreislauf und das Zentralnervensystem sind auf eine Notfallsituation eingestellt. Der Körper schüttet Adrenalin aus, Blutdruck, Blutzucker und der Muskeltonus erhöhen sich. Neben Adrenalin werden dämpfendes Serotonin und anregendes Noradrenalin produziert, damit die Reaktionsfähigkeit erhöht wird. Die Stressreaktion des Körpers hatte in Urzeiten also durchaus ihren Sinn. Wenn man plötzlich einem Mammut gegenüberstand, konnte man mithilfe der körperlichen Stressreaktion schneller flüchten. Im Büro ist es nun aber nicht der Fall, dass man das Weite suchen muss, wenn der Vorgesetzte das letzte Projekt in Grund und Boden kritisiert. Und genau hier liegt das Problem: Die Körperreaktion findet nicht mehr ihre natürliche Abarbeitung und deshalb macht uns Stress das Leben schwer.

> **Infobox**
>
> **Ein Zuviel an Stress ist zweifellos schädlich für den Körper. Doch etwas Stress kann positiv, motivierend und anregend sein. Zudem beugt Stress Langeweile vor.**

Man unterscheidet zwischen primärem und sekundärem Stresszustand. Primärer Stress wird durch körperliche (z. B. Schlafentzug), emotionale (z. B. Einsamkeit) oder soziale (z. B. Konflikte am Arbeitsplatz) Stressoren hervorgerufen. Von sekundärem Stress spricht man, wenn verschiedene primäre Stressfaktoren zusammen auftreten und zu einer Überlastung führen.

Stressoren

Stressoren sind Faktoren, die beim Körper eine Stressreaktion auslösen. Es gibt biophysiologische Stressoren, die den Körper stimulieren und dadurch Stress auslösen (wie Koffein oder Nikotin), negative Stressoren, auch als Disstress bezeichnet (wie Langeweile oder Unterforderung), und positive Stressoren oder Eustress (wie z. B. Herausforderungen). Im Berufsleben spielen häufig psychosoziale Stressoren eine Rolle. Darunter versteht man tatsächliche Ereignisse, die Stressreaktionen hervorrufen. Dazu zählen:

- Zeitliche Stressoren (zu wenig Zeit, zu viel Druck, schlechtes Zeitmanagement)
- Angst vor Verlust des Arbeitsplatzes

- Probleme mit der beruflichen Karriere (berufliche Sackgasse, Verlust der Ziele, Konkurrenzdruck, Überlastung, Unterforderung)
- Konflikte mit Kollegen bis hin zum Mobbing
- Lärm

Medizinische Aspekte von Stress

Stresshormone, die während Zeiten erhöhter Anspannung ausgeschüttet werden, haben auf Dauer gesundheitsschädigende Auswirkungen auf den Körper. Eine erhöhte Konzentration von Adrenalin und Noradrenalin führt langfristig zu Schäden in den Blutgefäßen, von denen besonders die Nieren betroffen sind. Bei lang andauerndem Stress können sogar krankhafte Veränderungen an der Niere auftreten, die zum Tod durch Nierenversagen führen können.

Infobox

Im Ersten Weltkrieg starben viele Soldaten an der sogenannten Feld-Nephritis (Nephritis ist eine entzündliche Erkrankung der Niere). Nach heutigen Forschungen handelte es sich dabei um Folgen durch den kriegsbedingten Stress.

Dauerstress kann sogar zu molekularen Veränderungen in den Körperzellen führen. Die Ursache liegt in einem Zellprotein, das bei Stress aktiv wird, Entzündungen auslöst sowie Abbauprozesse beschleunigt. Lang andauernder Stress beeinflusst die Länge der Chromosomenenden und führt dadurch zu einer schnelleren Alterung der Körperzellen. Möglicherweise sind deshalb Stressgeplagte anfälliger für Herz-Kreislauf-Erkrankungen und haben häufig ein geschwächtes Immunsystem. Bis heute werden die schwerwiegenden Folgen von Stress immer noch unterschätzt, obwohl Stress fast genauso oft einen Herzinfarkt auslöst wie Nikotinsucht oder eine Erkrankung des Fettstoffwechsels.

Stresssymptome

Auf Dauer bleibt Stress nicht ohne Folgen. Die Symptome äußern sich auf körperlicher, geistiger oder emotionaler Ebene.

Zu den körperlichen Stresssymptomen gehören Schlafprobleme, Kopfschmerzen und Migräne, Verdauungsschwierigkeiten, Übelkeit, Enge in der Brust, Atemlosigkeit, trockener Mund, Appetitlosigkeit, Mangel an Energie, allgemeine Abgespanntheit, Müdigkeit und Schweißausbrüche.

Geistig äußert sich Stress in Vergesslichkeit, Unkonzentriertheit, Halluzinationen, Verwirrung, Interesselosigkeit und Entscheidungsschwäche.

Auf emotionaler Ebene können bei länger andauerndem Stress Gefühle der Überforderung, Gereiztheit, Nervosität,

Verlust der Ziele, das Bedürfnis nach Rückzug, Traurigkeit, Vorwürfe, Angstgefühle, Leere, Hoffnungslosigkeit sowie das Gefühl, allein gelassen zu sein, auftreten.

Umgang mit Stress

Wenn Sie dem Stressor das Bedrohliche nehmen, haben Sie schon eine ganze Menge getan. Gehen Sie in sich und überlegen Sie, ob die Stresssymptome Ihres Körpers tatsächlich in einem akzeptablen Verhältnis zu den Auslösern stehen. Fragen Sie sich beispielsweise, ob es sich wirklich lohnt, so deprimiert auf die Kündigung zu reagieren, wo Sie sich doch insgeheim schon länger nicht mehr wohl an Ihrem Arbeitsplatz fühlen und sich bereits nach einer anderen Stelle umschauen. Überlegen Sie, ob die Kritik Ihres Chefs tatsächlich ein paar schlaflose Nächte wert ist oder ob Sie nicht besser denjenigen Teil der Kritik annehmen, den Sie akzeptieren können, und

Infobox

Wenn Sie sich mit den Stressauslösern auseinandersetzen, verlieren diese bereits an Macht. Suchen Sie sich Unterstützung bei Freunden und in der Familie, reden Sie mit lieben Kollegen darüber, bauen Sie sich Netzwerke auf und versuchen Sie Ihren Stress mit Abstand und Humor zu betrachten. Bemühen Sie sich, privaten Stress so gering wie möglich zu halten, beispielsweise mit Putzhilfe, Lieferservice, Baby- und Hundesitter.

den anderen einfach vergessen. Versuchen Sie letztendlich das Beste aus der Kritik zu machen. Denken Sie darüber nach, ob Sie wegen der Trennung von Ihrem Partner wirklich in ein tiefes Loch fallen müssen, wo Sie doch insgeheim schon seit geraumer Zeit unglücklich in der Beziehung waren.

Wenn Sie auch zu den Menschen gehören, die mehrfach am Tag „Ich bin ja so im Stress" sagen, sollten Sie versuchen, den Stress zu bewältigen. Wählen Sie eine oder mehrere der folgenden Methoden aus:

- Autogenes Training: eine Entspannungstechnik, die auf Autosuggestion beruht
- Biofeedback: eine Entspannungsmethode aus der psychosomatischen Forschung
- Progressive Muskelentspannung: ein Verfahren, bei dem bestimmte Muskelgruppen bewusst an- und entspannt werden, wodurch der ganze Körper entspannt wird
- Yoga: eine philosophische Lehre aus Indien, die geistige und körperliche Übungen sowie Meditation und Askese beinhaltet
- Tàijíquán (Tai Chi Chuan, verkürzt: Tai Chi): chinesisches Schattenboxen, das entspannend auf Körper, Geist und Seele wirkt
- Mindfulness Based Stress Reduction: ein Training, bei dem Stress mit Achtsamkeit begegnet wird

Infobox

Fragen Sie bei Ihrer Krankenkasse nach, ob sie Kurse zu Entspannungstechniken anbietet. Diese Seminare sind meistens preiswert oder sogar kostenlos. Eine Alternative sind Volkshochschulen.

Wer unter Stress leidet, sollte sich regelmäßig körperlich bewegen, um die Anspannung abzubauen. Mögliche Bewegungsarten sind Schwimmen, Jogging, Nordic Walking, Gartenarbeit, Tanzen und Spazierengehen. Wenn Sie sich regelmäßig bewegen (etwa dreimal pro Woche für 30 bis 45 Minuten), eine Entspannungstechnik erlernen und versuchen, dem Stress mit Abstand zu begegnen, werden Sie bald merken, dass Sie besser damit umgehen können.

Auf einen Blick

Stress ist ein weitverbreitetes Symptom der heutigen Zeit und gilt fast schon als normal. Dabei kann Stress gesundheitsschädigende Folgen haben.

→ Stresshormone, die bei Dauerstress ausgelöst werden, können die Niere schädigen, was bis zum Tod führen kann. Körperzellen altern schneller und Stressgeplagte sind anfälliger für Herz-Kreislauf-Erkrankungen. Stress äußert sich körperlich (z. B. durch Enge in der Brust oder trockenen Mund), geistig (z. B. durch Vergesslichkeit und Unkonzentriertheit) oder emotional (z. B. durch Nervosität und Überforderung).

→ Gegen Stress helfen beispielsweise Autogenes Training, Biofeedback, Progressive Muskelentspannung, Yoga, Tai Chi und Mindfullness Based Stress Reduction.

6.6 Burnout-Syndrom

Wer den ganzen Tag unter extremem Druck steht, großen Erwartungshaltungen gerecht werden muss, am Morgen, wenn der Wecker klingelt, wie gerädert ist, keine Kraft mehr hat, sich erschöpft fühlt und die Gedanken an den kommenden Tag als höchst unangenehm empfindet, der leidet möglicherweise unter dem Burnout-Syndrom.

Das Burnout-Syndrom oder Ausgebranntsein (englisch: to burn out: ausbrennen) ist ein berufsbezogener (oder familiär bedingter) chronischer Erschöpfungszustand, der in jedem Fall fachgerecht behandelt werden muss, da er sonst bis zum Suizid führen kann. Das Burnout-Syndrom ist in der Psychoanalyse seit 1974 ein Begriff.

Symptome
In der Anfangsphase engagieren sich die Betroffenen vermehrt für ihre Ziele, arbeiten oft von früh bis spät, ohne Pausen zu machen, neigen zur Hyperaktivität und fühlen sich im Team unentbehrlich. In dieser Phase missachten sie häufig ihre eigenen Bedürfnisse, leiden zunehmend unter Konzentrationsschwäche und Energiemangel und schränken ihre sozialen Kontakte ein. Sie verdrängen Misserfolge und sind häufig chronisch müde. Schließlich ziehen sie sich zurück. Im Berufsleben hat dieser Rückzug besonders fatale Folgen, da die Kranken wichtige Kontakte, wie z. B. zu ihren Kunden, vernachlässigen. Aber auch die Kommunikation mit Vorgesetzten und Mitarbeitern wird eingeschränkt. Dadurch beginnt ein Teufelskreis, bei dem die Betroffenen durch ihre selbst gewählte Kontaktsperre kein Feedback mehr von außen und somit auch keine Selbstbestätigung mehr erhalten. Es kommt zu Schuldzuweisungen und einer negativen Einstellung zur Arbeit. Manchmal werden Drogen, Alkohol und Medikamente konsumiert, um mit der Situation besser zurechtzukommen.

Ein weiterer Teufelskreis kann entstehen, wenn die Betroffenen erkennen, dass sie wichtige Ziele – zumindest im Moment – nicht erreichen können, und darunter leiden. Viele bekommen Schuldgefühle. Das berufliche Engagement lässt mehr und mehr nach, die Betroffenen sind desorganisiert und unmotiviert. Selbst ehemals kreative Denker machen ihren Dienst oft nur noch nach Vorschrift und ohne jegliche Leidenschaft. Zudem fällt es ihnen Tag für Tag schwerer, Entscheidungen zu treffen, was besonders für Führungskräfte ein großes Hindernis ist. Gefühle wie Verzweiflung, Gleichgültigkeit und Selbstmitleid können auftreten. Es kommt zu psychosomatischen Problemen wie Schlafstörungen, Konzentrationsschwierigkeiten, Magenschmerzen, Kopfweh, Verspannungen, Kreislaufproblemen, Verdauungs- und Essstörungen und manchmal auch zu Herzkrankheiten. Im Endstadium des Burnout-Syndroms sind die Betroffenen in ihren negativen Gedanken gefangen, was bis zum Suizid führen kann.

Ursachen

Die Ursachen für das Ausgebranntsein sind vielfältig. Ein Burnout-Syndrom kann persönliche, soziale, objektive und gesellschaftliche Ursachen haben.

Persönliche Ursachen: Dazu zählen folgende Eigenschaften: Perfektionismus, Ängstlichkeit, niedriges oder labiles Selbstwertgefühl, Neigung zu Zwanghaftigkeit und Depressionen, Helfersyndrom sowie persönliche Defizite, wie z. B. die abgebrochene Schule oder die schlecht abgeschlossene Berufsausbildung.

Soziale Ursachen: Zu den sozialen und organisationspsychologischen Ursachen eines Burnout-Syndroms gehören beispielsweise der Wechsel der Arbeitsstelle, der Berufseinstieg, eine extreme Arbeitsbelastung, nicht definierte Ziele, wenig Entscheidungsspielraum, fehlende Rückmeldung und Anerkennung, starke Kontrolle, ein schlechtes Betriebsklima und Gleichgültigkeit von Arbeitskollegen und der Familie.

Objektive Belastungsfaktoren: Zu den objektiven Belastungsfaktoren, die ein Burnout-Syndrom begünstigen können, gehören beispielsweise stark wechselnde Temperaturen in der Arbeitsstätte, extremer Lärm, täglich stark schwankende Arbeitszeiten oder massive körperliche Belastungen.

Gesellschaftliche Ursachen: Die gesellschaftlichen Ursachen sind vielfältig. Die wirtschaftliche Lage, die eine relativ hohe Anzahl Arbeitsloser bedingt, gehört genauso dazu wie der Wertewandel, bei dem beispielsweise Religionen ein geringerer Stellenwert zukommt, und andere spirituelle Möglichkeiten, wie etwa Meditation, selten genutzt werden. Familiäre Bindungen sind heutzutage nicht mehr so stabil wie früher und so fehlt vielen Singles das feste Rückgrat der Familie.

Behandlung

Jeder, der unter Ausgebranntsein leidet, braucht Hilfe und Unterstützung. Wird das Burnout-Syndrom rechtzeitig erkannt, genügt es in manchen Fällen, den Betroffenen in eine mehrwöchige Kur zu schicken. Liegen die Hauptursachen in der Arbeitsstelle, gehen die Symptome möglicherweise zurück, wenn der Kranke den Arbeitsplatz wechselt.

Ist das Burnout-Syndrom schon fortgeschritten, muss es auf alle Fälle professionell behandelt werden, da es von allein nicht wieder verschwindet. Je nach individuellen Gegebenheiten und Fortschritt der Erkrankung helfen Psychotherapie, Medikamente und eventuell ein Klinikaufenthalt.

Vorbeugung
Jeder, der sich als gefährdet ansieht bzw. schon unter massivem Stress leidet, sollte präventive Maßnahmen ergreifen. Dazu gehört, sich jeden Tag Zeit einzuräumen, in der man Abstand vom Job nehmen und eigenen Interessen nachgehen kann. Bewegung, Musik, Malen oder andere kreative Hobbys sind oft hilfreich. Auch Entspannungstechniken können unterstützend wirken. Falls Sie sich als gefährdet ansehen, sollten Sie sich bemühen, eine kritische Distanz zu Ihrer Arbeit zu halten. Im Team sollten die Kompetenzen und die Anforderungen der Tätigkeiten möglichst übereinstimmen. Zudem sollte regelmäßig Feedback gegeben werden. Auch der Arbeitgeber trägt eine Verantwortung, Burnout-Syndromen vorzubeugen. Eine wichtige Rolle spielen auch hier Rückmeldungen, die in Form von regelmäßigen Gesprächen

stattfinden können. Dabei sollten konstruktive Kritik und Lob Bestandteile der Kommunikation sein. Des Weiteren können in den sozialen Berufsgruppen regelmäßige Supervisionen helfen, im Berufsalltag besser zurechtzukommen und so dem Ausgebranntsein entgegenzuwirken.

Auf einen Blick

- Unter dem Burnout-Syndrom versteht man einen chronischen Erschöpfungszustand, der behandelt werden muss, da er schlimmstenfalls zum Suizid führt.
- Betroffene schränken ihre sozialen Kontakte ein und leiden unter Konzentrationsschwäche. Sie machen ihre Arbeit ohne Leidenschaft und können keine Entscheidungen mehr treffen.
- Psychosomatische Probleme von Schlafstörungen bis zu Magenschmerzen treten auf.
- Das Burnout-Syndrom kann persönliche, soziale, objektive und gesellschaftliche Ursachen haben.
- Im Anfangsstadium kann unter Umständen der Wechsel des Arbeitsplatzes genügen, um die Symptome wieder zu beseitigen. Im fortgeschrittenen Stadium müssen die Kranken psychotherapeutisch behandelt werden.

Register

B

C

D

E

H

I

K

S

W

Z